Sakralbau in Bremen seit 1945

Katalog zur gleichnamigen Ausstellung des Bremer Zentrums für Baukultur
in Zusammenarbeit und mit Unterstützung
der School of Architecture Bremen/ Hochschule Bremen,
der Hochschule für Künste Bremen, der Kulturkirche St. Stephani,
der Bremischen Evangelischen Kirche und der Katholischen Kirche
in Bremen

Bremer Zentrum für Baukultur
Schriftenreihe Band 10

Leichtes Zelt und feste Burg
Sakralbau in Bremen seit 1945

Herausgegeben im Auftrag des
Bremer Zentrums für Baukultur
von Volker Plagemann und
Eberhard Syring

aschenbeck media

Leichtes Zelt und feste Burg
Sakralbau in Bremen seit 1945

ISBN 978-3-941624-37-5
Bibliographische Information der Deutschen Bibliothek:
Die Deutsche Bibliothek verzeichnet diese Publikation in der
Deutschen Nationalbibliographie; detaillierte bibliographische Daten sind im Internet über http://dnb.ddb.de abrufbar.

aschenbeck media 2009
Auf dem Hohen Ufer 118
28759 Bremen
Tel. 0421 4603026
Fax. 0421 4603028
info@aschenbeck.net
www.aschenbeck.net

Inhalt

6	**Grußworte** Jens Böhrnsen Renke Brahms Probst Martin Schomacker Louis Ferdinand von Zobeltitz	65	**Denkmalpflege und moderner Kirchenbau** Georg Skalecki
11	**Vorwort** Eberhard Syring	73	**„Man muss seine eigene Haltung finden" – Ein Gespräch mit Karl-Heinz Bruns** Eberhard Syring
14	**Zwischen Kultraum und Gemeindezentrum – Neue Kirchen in Bremen nach 1945** Sunke Herlyn	79	**„Das war damals die Zeit des Umbruchs" – Ein Gespräch mit Hermann Brede** Eberhard Syring
43	**Die neue Synagoge in Bremen** Sunke Herlyn	87	**Der Umgebung verpflichtet – Ein Gespräch mit Claus Hübener** Eberhard Syring
45	**Die Fatih-Moschee in Bremen** Sunke Herlyn	93	**„Vom Raum positiv empfangen werden" – Ein Gespräch mit Ulrich Tilgner** Sunke Herlyn
47	**„Doxologie in Stein". Katholische Kirchenbauten in Bremen im Wandel der Zeit – Herz Jesu als Beispiel einer Umnutzung** Martina Höhns	97	**Kirche – mehr als eine Immobilie** Thomas Erne
		109	**Katalog** Katrin Höpker und Eberhard Syring
59	**Umbau des evangelischen Gemeindezentrums Matthias Claudius** Axel Krause	260	**Glossar, Autoren, Bildnachweis**

Grußwort

Jens Böhrnsen – Schirmherr der Ausstellung

Wer kennt sie nicht – die vielen großen und kleinen Sakralbauten in unserer Stadt. 75 davon wurden allein in den letzten 50 Jahren errichtet. Es sind städtebauliche Landmarken in ihrer Umgebung und sichtbare Zeugen gemeindlichen und gesellschaftlichen Zusammenlebens. Mit hohem liturgischen und architektonischen Anspruch wurden sie vor allem in der Nachkriegszeit von engagierten Gemeinden geplant und gebaut, was sich noch heute leicht an der ambitionierten Gestaltung ihrer Kulträume, Türme und Gemeindebauten ablesen lässt.

Wegen der stagnierenden Bevölkerungsentwicklung und neuer gesellschaftlicher Anforderungen ist dieser für Bremen bedeutende baugeschichtliche Abschnitt zum Abschluss gekommen. Das Engagement der Gemeinden hat sich eher auf soziale Aufgaben verlegt und die städtebauliche Präsenz in den Hintergrund treten lassen. Zudem haben neue Religionsgemeinschaften in Bremen ihre Heimat gefunden und setzen eigene Akzente in der städtebaulichen Landschaft unserer Stadt. Umso wichtiger ist es, dass wir die historischen Zeugnisse unseres religiösen Lebens nicht in Vergessenheit geraten lassen.

Ich bin daher dem Bremer Zentrum für Baukultur, der Bremischen Evangelischen Kirche, der Katholischen Kirche Bremen, der Hochschule Bremen und der Hochschule für Künste sehr dankbar, dass sie dieses baukulturelle Erbe würdigen und in einer umfassenden Ausstellung in der Kulturkirche präsentieren. Sie öffnen den Mitbürgerinnen und Mitbürgern den Blick für die städtebaulichen Kostbarkeiten unserer Stadt und deren sakrale Funktion in einer zunehmend rational organisierten Welt.

Der Ausstellung wünsche ich viel Erfolg und diesem Katalog eine große Leserschar.

Grußwort

Renke Brahms

Kirchenbauten sind Ausdruck ihrer jeweiligen Epoche und der in ihr leitenden theologischen Vorstellungen, und Kirchenbauten erzählen jeweils ihre Geschichte. Das gilt auch für die Kirchenbauten in Bremen nach 1945 bis heute.

Im Zweiten Weltkrieg wurden manche Kirchen in Bremen beschädigt oder ganz zerstört. So mussten sie nach dem Krieg restauriert oder wieder neu aufgebaut werden. Spuren dieser Zerstörung sind noch heute zum Beispiel an der St. Stephani Kirche zu sehen. Andere Kirchen waren so zerstört, dass sie an einem neuen Ort wieder aufgebaut werden mussten. Dies gilt zum Beispiel für die St. Ansgarii-Kirche, deren Ruine ganz abgetragen wurde, und die an einem neuen Ort in Schwachhausen vollkommen neu erstanden ist.

In den wirtschaftlich schwierigen Nachkriegszeiten wurden an anderen Orten so genannte Notkirchen errichtet, in denen die Gemeinden Heimat fanden. In den Zeiten des Wirtschaftswunders wurden in der wachsenden Stadt neue Gemeinden gegründet und neue Kirchen gebaut. Es wurde viel Beton verbraucht, von dem man meinte, er hielte jahrhundertelang. Es wurde experimentiert und ausprobiert. Dabei spiegelten die jeweiligen Kirchenbauten auch die theologischen Strömungen ihrer Zeit wider. Die Kirchenräume wurden in das Gemeindezentrum integriert, damit der Zusammenhang von Gottesdienst am Sonntag und Gottesdienst im Alltag der Gemeinde deutlich wurde. Kirchenräume wurden so gestaltet, dass sie mehrfach genutzt werden konnten, auch für andere Gemeindeveranstaltungen. Andere Kirchenräume wurden bewusst als eine Art Marktplatz gestaltet, um den herum das Gemeindeleben stattfand.

Ich freue mich, dass das vorliegende Buch sowohl einen Überblick über diese Epoche des Kirchbaus gibt als auch einige einzelne Beispiele in den Blick nimmt. Dabei geht es heute angesichts schwindender Gemeindeglieder der Bremischen Evangelischen Kirche auch um intelligente Umnutzungen einzelner Kirchen. Auch das ist Thema dieses Buches.

Bei allen Veränderungen und zeitlich bedingten Entwicklungen kommt es aber vor allem darauf an, in den Kirchen Orte des Gotteslobes und der Versammlung der Glaubenden zu entdecken. Jede Kirche ist auf ihre Weise ein Hinweis auf die Gegenwart Gottes in unserer Gesellschaft und damit ein Beitrag zum kulturellen und religiösen Gedächtnis. In ihnen wird das Wissen wach gehalten, dass es über das uns Sichtbare hinaus eine andere Wirklichkeit gibt, die uns und diese Welt trägt.

Grußwort

Probst Martin Schomaker

Sakrale Gebäude gehören nicht zum innersten Wesen des Christentums. Dies lässt sich schon daraus erkennen, dass die Christen der beiden ersten Jahrhunderte über keine eigentlichen Kultstätten verfügten. Auch die Kirchengeschichte kennt für manche Länder den Verlust von Kirchengebäuden über Jahrzehnte und sogar Jahrhunderte, ohne dass die christliche Gemeinde erloschen ist.

Gottesdienstliche Versammlungen werden hingegen wesentlich gefördert, wenn es dafür Räume gibt, die von ihrer Architektur, ihrer Gestalt und ihrer Ausstattung die Verkündigung des Gotteswortes und die Feier des Gottesdienstes begünstigen, so dass die Gemeinschaft mit Gott und untereinander erlebbar positiv beeinflusst wird.

Die katholischen Kirchengebäude haben genau diese Ausrichtung: Sie sind Orte, an denen die Gemeinschaft mit Gott und untereinander gefeiert wird. Gemeinden versammeln sich, um Gottes Wort zu hören, miteinander zu beten, Kinder und Erwachsene durch die Sakramente der Taufe und der Firmung in die Kirche aufzunehmen und Eucharistie miteinander zu feiern. Eine besondere Bedeutung hat die Feier des Herrenmahls am Herrentag, also die sonntägliche Eucharistiefeier. Aber auch einzelne Menschen suchen diese Orte auf, um zu sich selbst zu kommen, über Gott und über sich nachzudenken, im Gebet die Nähe Gottes zu erbitten. Darüber hinaus sollen die Gebäude inmitten der Gesellschaft an Gott erinnern und auf ihn verweisen.

Die katholischen Kirchengebäude in Bremen sind nach 1945 errichtet bzw. grundlegend saniert und neu gestaltet worden. Sie geben ein „steinernes Zeugnis" für die ersehnte Gemeinschaft mit Gott und untereinander. Ich freue mich, dass dieses Buch für den Kirchbau und seine Bedeutung sensibilisert.

Grußwort

Louis-Ferdinand von Zobeltitz

Mit ihrer besonderen, dem Diktat der Funktionalität nicht gehorchenden Architektur ist jede Kirche ein signifikantes Gebäude, das unserer Stadt und dem jeweiligen Stadtteil ihr besonderes Gesicht gibt. Sie prägt unübersehbar die Stadtkultur. Deshalb ist jede Kirche eine Kulturkirche.

Mit dem Titel „Leichtes Zelt und feste Burg" nehmen Ausstellung und Katalog zum Sakralbau in Bremen seit 1945 die biblischen Bilder für das Haus Gottes auf. Wer sich darauf einlässt, wird erstaunt sein, wie unendlich vielfältig Architekten in der Zeit nach 1945, die oftmals von einem platten Materialismus gezeichnet ist, mit ihrer Zeichensprache die Frage nach dem Geheimnis Gottes offen zu halten versuchen. Die Moderne lässt den Menschen manches Mal unbehaust sein. In den modernen Kirchen können Menschen Geborgenheit erfahren, die sie nicht abschottet von der Welt, sondern ermutigt, sich neu auf die Welt einzulassen. Eine Kirche, die ein „ganz anderes" Bauwerk ist, hat nie eine heimelige Geborgenheit und Vertrautheit wie ein Wohnzimmer. Das Befremdliche, eben die Offenheit zur Transzendenz, hat Raum in einer Kirche, sei sie nun eher feste Burg oder leichtes Zelt.

In der Ruhe einer Kirche mit ihren überraschenden Einblicken und Ausblicken können Menschen aus dem Getriebe der Welt austreten und sich den grundsätzlichen Fragen des Lebens stellen.

Ich bin dem Bremer Zentrum für Baukultur außerordentlich dankbar, dass es sich mit dieser Ausstellung der Aufgabe gestellt hat, in einer Zusammenschau der über 80 sakralen Neubauten in Bremen ein bisher nicht bearbeitetes Kapitel Bremer Architekturgeschichte zu schreiben. Unsere säkulare Stadt hat viele religiöse Gebäude, die eine mit Stein, Glas, Stahl, Holz oder Beton geschriebene Theologie sichtbar werden lassen. Die Kulturkirche St. Stephani freut sich, dass diese Architekturausstellung in ihren Räumen gezeigt werden kann.

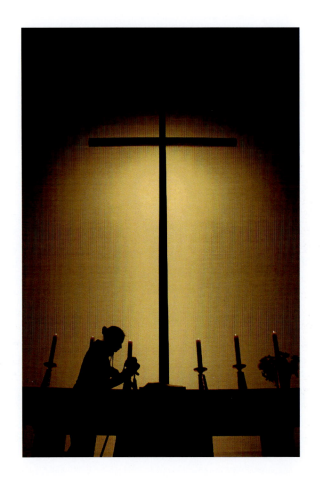

Vorwort

Eberhard Syring

Sakralbau ist ein zentrales Thema der Architekturgeschichte. Ohne die gewaltigen kulturellen Anstrengungen, religiöse Gefühle in physische Substanz zu übertragen, in Bauwerken anschaulich werden zu lassen, wären weite Strecken der Architekturgeschichte bedeutungsarm. Spätestens im 18. Jahrhundert hat der Sakralbau aber seine Rolle als Schrittmacher der Architekturentwicklung eingebüßt.

Der Bedeutungsverlust steht in einem eigenartigen Widerspruch zu der Tatsache, dass es danach Perioden gab, in denen mehr neue Kirchen gebaut wurden als es zuvor gegeben hat. Eine erste fruchtbare Kirchenbauperiode begleitete die gründerzeitlichen Stadterweiterungen des ausgehenden 19. Jahrhunderts, als in den neuen Stadtteilen Kirchenbauwerke entstanden. Bei weitem fruchtbarer war aber jene Zeitspanne, der – mit Blick auf die Entwicklung in Bremen – diese Ausstellung und dieses Buch gewidmet sind. Zwar sollen in der Ausstellung die rund 60 Jahre seit dem Ende des Zweiten Weltkriegs bis zur Gegenwart in Betracht gezogen werden, doch ein kurzer Blick auf die Liste der vorgestellten Bauten macht deutlich, dass weitaus die meisten in den zwei Jahrzehnten zwischen 1955 und 1975 eingeweiht wurden, nämlich 58 von 75 insgesamt.

Dieser „Kirchenbauboom" der 60er Jahre ist ein baugeschichtlich, aber auch gesellschaftsgeschichtlich spannendes Phänomen, weil er sehr unterschiedliche Entwicklungen widerspiegelt. Sie werden im Aufsatzteil dieses Buches aus verschiedenen Blickwinkeln analysiert. Aber auch die Folgen des Booms, seien es die Schwierigkeiten mit der Erhaltung der Bausubstanz oder die neuen funktionalen Anforderungen, sind Themen in den folgenden Betrachtungen.

In einem grundlegenden Beitrag würdigt Sunke Herlyn – ausgehend von der allgemeinen Entwicklung des modernen Kirchenbaus in Deutschland – die spezifisch bremische Komponente dieser Geschichte in vier charakteristischen Entwicklungsschritten. Dabei wird deutlich, dass sich der Konflikt zwischen Traditionalisten und Modernisten, der für die frühe Nachkriegszeit in Bremen prägend war, auch im Kirchenbau abzeichnete und dass traditionelle Haltungen zunächst das Sakralbaugeschehen dominierten. Ab den späten fünfziger Jahren setzte sich aber deutlich eine gemäßigt moderne Haltung mit regionalistischem Anklang durch. Später kam es zunehmend zu gewagteren formalen Experimenten mit zum Teil expressivem Einschlag, wobei das Bild einer modernen Kirche als „leichtes Zelt" eine entscheidende Bedeutung gewann. Eine Öffnung der Kirche zur Gesellschaft war mit diesem architektonischen Gestus intendiert.

Herlyn schildert, wie die Entwicklung auf der evangelischen Seite in der Spätmoderne schließlich eine Tendenz zur Entsakralisierung des Kirchenbaus befördert hat, die in den wenigen postmodern geprägten Neubauten der 80er und 90er Jahre bewusst wieder aufgehoben wurde. Die Abraham-Kirche in Kattenturm macht einen Rückgriff auf die alte Metapher der Kirche als „feste Burg" besonders anschaulich. Da sich Herlyns Abriss der jüngeren bremischen Sakralbaugeschichte vor allem mit den christlichen Kirchen befasst, werden die beiden repräsentativen Bauwerke der jüdischen und muslimischen Glaubensgemeinschaft in zwei gesonderten Beiträgen von ihm gewürdigt.

Aus der Perspektive der katholischen Kirchenbaugeschichte geht Martina Höhns auf die Nachkriegsentwicklung des bremischen katholischen Kirchenbaus ein. Dabei steht der Gedanke im Mittelpunkt, dass Kirchenbauten immer das Selbstverständnis der Kirchen in der jeweiligen Zeit widerspiegeln. Das manifestiere sich, so Höhns, in so genannten Kirchenbildern, die sie in einem historischen Überblick von der „Versammlung der Gemeinde" in frühchristlicher Epoche, über die gotische „vollkommene Stadt Gottes" bis zur Gegenwart darstellt, deren Kirchenbild im Wesentlichen durch die Reformen des Zweiten Vatikanischen Konzils Mitte der 60er Jahre als „Öffnung zur Gemeinde" bestimmt wurde. Die damit einhergehenden Veränderungen werden allgemein und an bremischen Beispielen erläutert. Wie die katholische Kirche in Bremen auf die aktuellen gesellschaftlichen Ansprüche an Sakralbauten reagiert, wird am Beispiel des Umbaus der Herz Jesu Kirche in der Neustadt dargelegt.

In demselben Stadtteil befindet sich auch die ehemalige Matthias-Claudius-Kirche mit Gemeindezentrum. Die Gemeinde ging mit zwei Nachbargemeinden in der Vereinigten Evangelischen Gemeinde Bremen-Neustadt auf. Axel Krause schildert den damit verbundenen Umbauprozess der Räumlichkeiten der einst selbstständigen Gemeinde in ein Mehrgenerationenhaus mit dem Schwerpunkt Kinderbetreuung. Konkret geht es dabei auch um die Umnutzung des Kirchenraumes in einen Kindergarten.

Der Beitrag von Georg Skalecki geht, nach einem allgemeinen Exkurs über den Nachkriegskirchenbau, auf die denkmalpflegerische Fragestellung der Bremer Kirchenneubauten aus dieser Periode ein. Er deutet an, dass neben den neun bereits unter Denkmalschutz stehenden Bauten (dabei handelt es sich vor allem um Kirchen aus den 50er Jahren, die meist von traditionalistischen Architekten entworfen wurden) weitere folgen werden. Gleichwohl sei es schwierig, so Skalecki, „die bedeutenden und dann für eine denkmalpflegerische Unterschutzstellung ausreichend wichtigen Bauten herauszufiltern". Darüber hinaus geht Skalecki auf konservatorische Aspekte bei Baumaterialien ein, die in den 60er Jahren im Kirchenbau beliebt waren. Dies betrifft insbesondere Sichtbeton.

Aus welchen Impulsen heraus damals bestimmte bauliche Lösungen angestrebt wurden, das erhellen ein Stück weit die Gespräche, die der Verfasser dieser Zeilen mit drei Bremer Architekten geführt hat, die in den 60er Jahren in Bremen als Kirchenbauarchitekten tätig waren: Hermann Brede, Karl-Heinz Bruns und Claus Hübener. Dabei wird für den evangelischen Kirchenbau die Macht und Autonomie deutlich, die einzelne Kirchengemeinden in Bezug auf Entscheidungen über architektonische Gestaltungen und Konzepte besaßen. Ob das im architektonischen Resultat immer vorteilhaft war, darf bezweifelt werden. Andererseits scheinen katholische Kirchenbauer häufiger kirchenadministrativen Gängelungen ausgesetzt gewesen zu sein. Die Entwürfe sind oft nur unvollständig umgesetzt worden – auch hier auf Kosten der architektonischen Qualität. Sunke Herlyn befragt schließlich in diesem Interview-Teil des Buches Bremens aktuell aktivsten Sakralbauarchitekten Ulrich Tilgner.

Von Tilgner stammt der jüngste in dieser Ausstellung vorgestellte Sakralbau, der so genannte Raum der Stille am Klinikum-Mitte. Mit diesem Raum wird ein Bedürfnis angesprochen – die Sehnsucht nach Spiritualität vermittelt im Medium der Rauminszenierung –, das auch Thomas Erne in den Mittelpunkt seines Beitrags stellt, einer allgemeine Reflexion über Kirchen(um)bau heute. Erne spricht von einem „situativen Bedürfnis nach Transzendenz diesseits der religiösen Kommunikation der Gemeinde", das heute an Orten wie beispielsweise Autobahnkapellen ausgelebt werde. Dies sei ein Aspekt, neben anderen, auf den sich die Kirche im Zeichen schrumpfender Ressourcen einzustellen habe. Erne schlägt vor, beim Um- oder Neubau sakraler Räume „Ausdrucksformen zu entwickeln, in denen sich Menschen aus unterschiedlichen Milieus und mit verschiedenen Frömmigkeitsstilen beheimatet fühlen" können.

Im zweiten Teil des Buches werden die 75 in der Ausstellung vorgestellten Sakralbauten mit jeweils einer Doppelseite einzeln gewürdigt. Damit wurde bewusst darauf verzichtet, nur wenige Bauwerke als exemplarische bzw. architektonisch besonders wertvolle herauszustreichen. Die „phänomenologische" Betrachtung der Produktionsbreite wird hier einem architekturkritischen Ausleseverfahren vorgezogen, weil sich die Baukultur einer Zeit und eines Ortes so authentisch rekonstruieren lässt. Darum ist im Katalog auch eine streng chronologische Reihenfolge (nach den Einweihungsdaten) gewählt worden. Beim Durchblättern unternimmt der Leser eine Zeitreise, die den Wandel von architektonischen Auffassungen deutlich werden lässt. Für die arbeitsintensiven Recherchen zu den einzelnen Sakralbauten geht der Dank an Katrin Höpker.

Ein weiteres hier angewandtes Prinzip besteht darin, dass alle Objekte innerhalb eines Zeitfensters von rund einem halben Jahr besichtigt und fotografisch dokumentiert wurden. Neben ausgewählten historischen Fotos, die einen Eindruck aus der Entstehungszeit des Bauwerks vermitteln, dokumentieren diese aktuellen Fotos die gegenwärtige Raumatmosphäre und den städtebaulichen Kontext. Da sie durchweg in Farbe gehalten sind, wirken sie zudem sinnlich konkreter.

Zu betonen ist, dass die aktuellen Fotografien der 75 Sakralbauten nicht von professionellen Architekturfotografen stammen, sondern in einem gemeinsamen Studienprojekt der School of Architecture Bremen (an der Hochschule Bremen) und der Hochschule für Künste Bremen entstanden sind. Rund 40 Studierende haben sich im Wintersemester 2008/2009 und im Sommersemester 2009 auf das Thema „moderner Sakralbau" eingelassen. Jede(r) Studierende hat im Durchschnitt zwei Bauwerke dokumentiert. Die Auswahl erfolgte über Losentscheid, so dass mitunter lange Wege in unbekanntes Stadtterrain in Kauf genommen werden mussten. Für die fachliche Betreuung der Fotoarbeiten zeichnen Christiane Matthäi und Jens Weyers verantwortlich. Die grafische Umsetzung der Arbeiten auf Ausstellungsbanner verdanken wir Marta Szczelkun und Federico Tornello, die auch zur Fotogruppe gehörten.

Natürlich haben diese Arbeiten nicht immer den heute erwarteten Standard professioneller Architekturfotografien – stürzende Linien sind zum Beispiel nicht immer nachkorrigiert. Dafür liegt diesen Dokumenten aber in jedem Fall ein neugieriger, wenig routinierter Blick auf die Objekte zugrunde. Eine wesentliche Intention des fotografischen Interesses zielt dabei auf atmosphärische Werte. Fast alle Studierenden haben sich von den spirituellen Anmutungen der Räume inspirieren lassen, auch wenn viele von ihnen aus anderen Nationen und Kulturkreisen stammen z. B. aus China, Venezuela, Frankreich und Polen. Deutscher Nachkriegssakralbau mag aber auch für die meisten deutschen Studierenden ein durchaus exotisches Terrain gewesen sein.

Die Ausstellung und der Katalog bieten einen einmaligen Überblick über ein spannendes Sujet der bremischen Baukultur. Im Nachhinein hätte man sich mehr Zeit für bestimmte Recherchen gewünscht. So sind die Angaben zu „Kunst und Ausstattung" bei einzelnen Bauwerken mitunter etwas rudimentär geraten.

Zwischen Kultraum und Gemeindezentrum
Neue Kirchen in Bremen nach 1945

Sunke Herlyn

„Die Liturgie ist die Bauherrin". Diese Feststellung des Kunsthistorikers Cornelius Gurlitt verdeutlicht die besondere Stellung des Kirchenbaus in der europäischen Baukultur: Gebäudekonzeption und architektonische Gestalt entspringen nicht nur – wie im Profanbau üblich – zweckrationalen und ästhetischen Erwägungen, sondern zu allererst einem durch die kirchliche Liturgie geprägten Streben der christlichen Gemeinden nach Gottesnähe im Kirchenraum. Erst die „religiöse Kommunikation" – wie Thomas Erne in diesem Buch darlegt – macht den Architekturraum zum Kirchen- bzw. Sakralraum. So ist der Begriff „Gotteshaus" zur Bezeichnung von Kirchen seit Jahrhunderten geläufig.

Deutlich wahrnehmbar hebt sich daher der Kirchenbau aus der alltäglichen Architektursprache der jeweiligen Zeit heraus. Die Kathedralen des Mittelalters mögen dies ebenso belegen, wie der moderne Kirchenbau mit seinen expressiven Bauformen.

Diese liturgisch bestimmte Heraushebung findet sich nicht nur in der sakralen Architektur der Kirchenbauten, sondern auch in dem Anspruch ihrer Bauherren nach Überzeitlichkeit und Einmaligkeit des geschaffenen Bauwerks. Dies mag erklären, warum sich Kirchenbauten häufig dem sonst üblichen Veränderungsdruck und der Anpassung an gewandelte Bedürfnisse entziehen. Wir stoßen daher heute auf baulich kaum veränderte Sakralbauten, die den Geist und die Inspiration ihrer Bauzeit widerspiegeln – ein Umstand, der die Spurensuche und Erforschung des modernen Kirchenbaus wesentlich erleichtert.

Kirchenbau im Aufbruch

Historisch betrachtet steht der moderne Kirchenbau in der Tradition der kirchlichen Reformbewegungen des 20. Jahrhunderts. Während bis in die Mitte des Jahrhunderts noch tradierte Formen der Neoromanik und der Neogotik vorherrschten – gelegentlich mit modernen Fassadenelementen dekoriert –, gab es zeitgleich in beiden Konfessionen Bestrebungen, die Sakralbauten auf urchristliche Prinzipien zurückzuführen und für die Gemeinde funktional und gestalterisch zu öffnen.

Auf katholischer Seite waren es vor allem die Bauten und Schriften der Kirchenarchitekten Dominikus Böhm und Rudolf Schwarz, die im Zeichen der liturgischen Bewegung für „Wahrhaftigkeit" im Kirchenbau und Beschränkung auf wenige wesentliche Raumfiguren eintraten. Den protestantischen Kirchenbau prägten unter anderen Otto Bartning und Martin Elsässer mit ihrem schon 1920 erschienenen Buch „Vom neuen Kirchenbau", in dem sie sich für eine liturgisch begründete „Einfalt des Sakralraumes" einsetzten.

Die gesellschaftliche Erneuerung nach dem Zweiten Weltkrieg führte auch in der kirchlichen Baukultur zu einem radikalen Umdenken. Ausgehend von umfassenden Reformansätzen der evangelischen Synoden und Kirchenbautage sowie des Zweiten Vatikanischen Konzils wurde das Kirchenbauprogramm beider Konfessionen von strengen Gestaltungsfesseln befreit und für zeitgemäße Baukonzepte geöffnet.

Die theologische Reform des Gottesdienstes, die vor allem die Distanz von Klerus und Gemeinde zu überwinden suchte, erlaubte nun auch neue, oft ungewohnte Grundrissformen des Kultraumes. Neben der vom alten Kathedralenbau abgeleiteten Längsausrichtung des „gerichteten Raumes" mit strenger Orientierung des Gestühls auf den Altar treten immer mehr zentrierende Grundrisskonzepte auf, wie sie Otto Bartning bereits 1929 in der Essener Auferstehungskirche entwarf (siehe Beitrag von Thomas Erne). Solche dem Zentralbau der Ostkirche oder später der protestantischen Predigtkirche entlehnten Raumauffassungen förderten mit ihrer zentralen Aufstellung des Altars die von theologischer Seite geforderte Hinwendung der Pastoren zur Gemeinde.

Wieder andere lösten sich ganz von den herkömmlichen Baukonzepten, indem sie halbrunde, asymmetrisch geschwungene, vieleckige oder fächerförmige Grundrisse entwarfen und damit ihre Vorstellungen von Spiritualität und gemeindlicher Zentrierung baulich zum Ausdruck brachten. Nicht selten wurden solche „freien" Raumbildungen mit semantischen Inhalten unterlegt, zum Beispiel Dreiecksformen als Symbol für die Dreieinigkeit oder fischförmige Grundrisse als Christussymbol, wie bei der Bremer St. Hedwig Kirche.

Der neuen Entwicklung im Sakralbau kamen natürlich auch neue Materialien und Konstruktionsweisen entgegen. Während zum Beispiel Stahl und Glas transparente und auch transzendente Raumwirkungen erzeugten – erinnert sei hier an die Expo-Kirche in Hannover –, erlaubte der Baustoff Beton eher skulpturale, archaische Raumbildungen, wie wir sie bei den Kirchen von Gottfried Böhm antreffen. Beton und Ziegelstein avancierten später zu den im Kirchenbau meist verwendeten Materialien, kamen sie doch dem Wunsch nach „Entdekorierung" (Kölner Kirchenbautag 1953), Kargheit und kultischer Strenge besonders entgegen. Bei aller theologischen Öffnung wünschte

Mariendom in Neviges

man sich offensichtlich für die Predigt und das Gebet doch eher verinnerlichende, von Reizüberflutungen des Alltags abgeschirmte Räume, die eine festliche, transzendente Wirkung entfalteten.

Der neuen Öffnung des Kirchenbaus entsprach auch ein gewandeltes Gemeindeleben. Nach all den Schrecken des Krieges gab es einerseits ein neues Verlangen nach Spiritualität, ethischer Orientierung und Innerlichkeit, das sich im Wunsch nach neuen Kulträumen niederschlug. Andererseits aber wuchsen der Gemeinde auch neue Aufgaben der kirchlichen Diakonie und Integration von Zuwanderern und Flüchtlingen zu, was ein umfangreiches Gemeindezentrum mit Sozial- und Gruppenräumen erforderlich machte. Es ist daher nicht verwunderlich, wenn die Kirchen der Nachkriegszeit überwiegend als Gemeindezentren konzipiert wurden, die funktional und architektonisch von einem spannungsreichen Neben- und Ineinander von Kultraum und Gemeinderäumen geprägt waren. Neuere Baumodelle überwanden häufig sogar die strenge Trennung von Kirchen- und Gemeinderaum, indem sie bei starkem Gottesdienstbesuch eine räumliche Verbindung beider Bereiche anstrebten oder von vornherein variable Nutzungen des einen und des anderen Bereiches konzipierten.

So finden wir heute im Kirchenbau eine Fülle mehr oder weniger ungewöhnlicher Raumkonzepte, die mit unterschiedlicher architektonischer Qualität eine Antwort auf die liturgischen Vorgaben und spirituellen Empfindungen der Gemeinden und ihrer Funktionsträger geben. Im Folgenden soll das Spektrum und der gestalterische Reichtum kirchenbaulicher Äußerungen unserer Zeit am Beispiel des Bremer Kirchenbaus der Nachkriegszeit aufgezeigt werden. Der Kirchenbau dieser Stadt erfuhr in den 50er, 60er und frühen 70er Jahren einen bis dahin nicht gekannten Aufschwung – Grund genug, den verschiedenen Stilrichtungen im historischen, städtebaulichen und gemeindlichen Kontext nachzuspüren.

Bremen nach 1945 – neue Stadtteile, neue Kirchen

Nach dem Einwohnerverlust während des Krieges stieg die Einwohnerzahl Bremens infolge der Rückwanderung der Bremer Bevölkerung und des Flüchtlingszustroms aus dem Osten von 289.000 (1945) auf 507.000 (1955). Enorme Kraftanstrengungen der Stadtgemeinde waren erforderlich, um insbesondere die Wohnungsnot zu beheben. Alte Stadtteile wurden wieder aufgebaut; neue Quartiere entstanden in den Außenbereichen. Die Entwicklung kulminierte in der Revitalisierung des „Neuen Westens" (22.000-25.000 Einwohner) und der Errichtung der Neuen Vahr (40.000 Einwohner). Diese und viele spätere Wohnungsbauquartiere folgten dem damals bevorzugten städtebaulichen Prinzip der „Gegliederten und aufgelockerten Stadt", bei dem im Idealfall so genannte Nachbarschaften mit eigenen Zentren ausgestattet und durch großzügige Verkehrsbeziehungen untereinander verbunden wurden. Erst Mitte der 70er Jahre kam dieses Stadtwachstum ausgelöst durch wirtschaftliche und demografische Einbrüche – zum Stillstand.

Die Bremer Kirchengemeinden waren durch den Krieg und die Naziherrschaft schwer getroffen. Der mit Unterstützung der Amerikanischen Militärregierung bereits am 15. Juni 1945 zusammengerufene Kirchenausschuss der Bremischen Evangelischen Kirche (BEK) knüpfte an die freiheitliche Kirchenverfassung von 1920 wieder an, um das Gemeindeleben neu und demokratisch zu ordnen. Die in der Präambel verbriefte Glaubens-, Gewissens- und Lehrfreiheit der Gemeinden – einmalig in der Evangelischen Kirche Deutschlands (EKD) – stärkte fortan die Gemeindeautonomie und mit ihr das Selbstbewusstsein und auch die Baufreudigkeit der Gemeinden.

Auf katholischer Seite blieben die Organisationsstrukturen der Vorkriegszeit entsprechend der Verfassung von 1929 erhalten und mit ihr auch die Zugehörigkeit der katholischen Gemeinden einerseits zum Bistum Osnabrück (Stadt Bremen) und andererseits zum Bistum Hildesheim (Bremen Nord). Durch die Zuwanderung vor allem aus dem Osten wuchs die dem Bistum Osnabrück zugehörige Zahl der katholischen Neubürger von 25.600 (1929) auf 34.000 (1954).

Das Mitte der 50er Jahre einsetzende Stadtwachstum und der damit einhergehende wirtschaftliche Aufschwung führten nach den Notmaßnahmen der ersten Nachkriegsjahre zu einer Expansion bestehender und Ausgründung neuer Kirchengemeinden. 65 heute noch existierende Kirchen mit Gemeindezentren wurden binnen weniger Jahrzehnte bis Mitte der 70er Jahre errichtet – davon 15 katholische und 40 protestantische Kirchen. Wir finden sie fast ausschließlich in den Außenbezirken der Stadt: Etwa je ein Fünftel im Westen, im Süden und im Norden; der weitaus größere Teil mit zwei Fünfteln im Osten der Stadt, woran deutlich wird, wo die Siedlungsschwerpunkte lagen.

Hinzu kommen vier neue Kapellen auf dem Huckelrieder, Hemelinger und Waller Friedhof sowie auf dem Blumenthaler Waldfriedhof, jeweils eine Kirche auf dem Gelände des Zentralkrankenhauses Mitte und des Diakonissenkrankenhauses Gröpelingen sowie eine Vielzahl kleinerer Sakralbauten auch anderer Religionsgemeinschaften, auf die hier nur in Einzelfällen eingegangen werden kann. Außerdem entstanden Im Umfeld alter Kirchen häufig neue Gemeindezentren.

Viele der Gemeinden suchten entsprechend dem städtebaulichen Nachbarschaftsprinzip die Verortung ihrer Zentren inmitten der Stadtteile, um sich der Alltagswelt öffnen zu können. In Kattenturm, in Findorff oder in der Neustadt liegen die Kirchenzentren sogar unmittelbar neben einem Einkaufs- oder Stadtteilzentrum.

Baulich passen sich die Gemeindezentren dem Maßstab der umliegenden Bebauung an; nur die herausragenden Kirchtürme markieren die besondere sakrale Funktion des jeweiligen Gemeindezentrums im städtebaulichen Kontext, ein „öffentliches Zeichen der Transzendenz", wie Thomas Erne sagt. In einigen Fällen bildet sogar der Turm das Eingangsportal zur Kirche oder zum Gemeindezentrum. Die katholischen Kirchen verzichteten dagegen entsprechend einem Appell des Hilfswerks Misereor in den meisten Fällen auf aufwändige, kostenträchtige Kirchtürme und somit auch auf deren städtebauliche Signalwirkung.

Bremer Baukultur der Tradition verpflichtet

Die Bremer Architekturdiskussion der Nachkriegszeit war bestimmt von einem Spannungsfeld zwischen Traditionalisten und Modernisten, deren Meinungsverschiedenheiten vor allem im Siedlungsbau offen und heftig ausgetragen wurden. Rückblickend hat sich eher eine traditionelle Baugesinnung, erkennbar an der häufigen Verwendung von Ziegelmauerwerk und Satteldächern, in der Bremer Baukultur durchgesetzt. Offensichtlich wirkte der in Norddeutschland seit Anfang des 20. Jahrhunderts gepflegte niederdeutsche Heimatstil mit seiner Materialtreue und seinen handwerklich soliden Gebäudekonstruktionen stilprägend auch für die Architektur nach dem Kriege. Erst seit den 60er Jahren finden wir – wenn auch in sehr zu-

Kirchenturm als Eingangstor der Christuskirche, Vahr

rückhaltender Weise – modernere Architekturformen, erkennbar z.B. an asymmetrischen Baukonzepten, Flachdächern und gerasterten Fassaden.

Dieses Festhalten der Bremer an einer bewährten, der Tradition verpflichteten Baukultur, die sicher in einer eher konservativen Bevölkerungsstruktur begründet lag, beeinflusste natürlich auch den örtlichen Kirchenbau. Obwohl, wie eingangs beschrieben, im Kirchenbau andernorts offenere, sogar avangardistische Bauentwürfe durchaus üblich waren, blieb der Bremer Kirchenbau dieser Zeit zunächst einer unaufdringlichen, bodenständigen Architektursprache verpflichtet. In ihr spiegelte sich vermutlich auch die Sehnsucht der jungen Nachkriegsgemeinden nach heimatlicher Verankerung und Sesshaftigkeit wider. Das zeigt zum Beispiel der häufig geäußerte Wunsch nach Geborgenheit und gemeindlicher Sammlung bei der Formulierung der jeweiligen Bauprogramme.

Es verwundert daher auch nicht, dass viele Kirchen der Nachkriegszeit von Bremer Architekten errichtet wurden, von Architekten also, die wie Fritz Brandt oder die Brüder Hermann und Eberhard Gildemeister aus dem Formkanon der traditionellen örtlichen Baukunst schöpften. Dabei gingen die meisten Aufträge sogar in freier Vergabe direkt an örtliche, den Gemeinden nahestehende Architekten. Nur selten und dann eher bei katholischen Kirchen gingen Bauaufträge auch an überregionale Architekten.

Im Folgenden sollen die verschiedenen Phasen des Bremer Kirchenbaus anhand ausgewählter Beispiele nachgezeichnet werden. Eine Kurzbeschreibung der wichtigsten neuen Sakralbauten zwischen 1950 und 2004 befindet sich im Katalogteil dieses Buchs.

Notkirche St. Magni (Entwurf Hermann Brede)

Traditionalismus in der Zeit des Wiederaufbaus

In den ersten Jahren nach 1945 oblag es den ansässigen Kirchengemeinden, ihre Mitglieder zu sammeln und Notunterkünfte für die wiedererwachte Gemeindearbeit zu schaffen. Für die zerstörten Kirchenbauten musste oft an anderem Ort Ersatz in Form von Notkirchen geschaffen werden – meist schlichte Bauten, wie zum Beispiel die barackenähnliche Notkirche von St. Ansgarii (1948, Architek Fritz Brandt) oder die Montagekirche von St. Magni (1964, Architekt Hermann Brede). Einige Notkirchen wurden dabei sogar, je nach örtlichem Bedarf, nacheinander an verschiedenen Orten eingesetzt.

Aus dem Stadium der Notkirche trat als erste die von Friedrich Schumacher errichtete, spätere Andreaskirche in Gröpelingen (1950) heraus. Dem Entwurf liegt das in 43 deutschen Städten verwendete Notkirchenprogramm von Otto Bartning zugrunde – bestehend aus einer einfachen Konstruktion von sieben Holzbindern mit Mauerwerksausfachungen. Das Äußere, zusammen mit dem freistehenden Glockenturm und dem sechs Jahre später von Schumacher errichteten Gemeindehaus, bilden ein frühes Beispiel schlichter, unaufdringlicher Kirchenbaukunst in der ab jetzt üblichen Ziegelbauweise. [1] [1]

Ambitionierter stellen sich dagegen fünf weitere Kirchenbauten aus der Werkstatt der Gebrüder Gildemeister dar, die methodistische Erlöserkirche von Eberhard und Hermann Gildemeister [2], die St. Remberti-Kirche [3] von Eberhard Gildemeister, beide Bauten in Schwachhausen, die Waller Fleetkirche von Hermann Gildemeister [11], die Emmaus-Kirche des Gröpelinger Diakonissenmutterhauses von Eberhard Gildemeister [21] sowie die von ihm später, nach Ausgründung der Muttergemeinde errichtete St. Magni-Kirche in St. Magnus [48]. Die Gebrüder Gildemeister hatten sich schon im Bremen der 30er Jahre unter anderem mit dem repräsentativen, aufwändig ausgestatteten „Haus des Reichs" einen Namen gemacht, pflegten nun aber mit diesen Kirchenbauten einen ganz individuellen, stark von der niederdeutschen Bauweise geprägten Architekturstil. Mit Rückgriffen auf Saalkirchenformen des 18. Jahrhunderts mit weit heruntergezogenem

St. Remberti-Kirche in Schwachhausen

Dach (St. Remberti, St. Magni) und auf mittelalterliche Bauformen (Erlöserkirche) gaben sie ihren Kirchen etwas Bodenständiges, das durch die künstlerische Verwendung von Ziegelstein und Holz noch gesteigert wurde. Sorgfältig ausformulierte Baudetails – auch bei dem 1959 der St. Rembertikirche harmonisch angefügten Gemeindezentrum – geben diesen Kirchen bis heute einen unverwechselbaren, behaglichen Raumeindruck mit besonderer sakraler Ausstrahlung.

---

1   Die Ziffern in den eckigen Klammer verweisen auf die nummerische Reihenfolge der vorgestellten Sakralbaubeispiel im Katalogteil

Die Emmaus-Kirche auf dem Gelände des Diakonissen-Krankenhaus, Gröpelingen

Bauliches Ensemble: Thomas-Kirche und Gemeindebauten

Deutlich größer, aber auch asketischer präsentieren sich dagegen fünf weitere Kirchenbauten der Zeit, die vom Bremer Architekten Fritz Brandt errichtet wurden: St. Markus in Kattenturm [6], Wilhadi-Kirche in Walle [8], Neu St. Ansgarii in Schwachhausen [9], Thomas-Kirche in Kattenturm [31] und St. Nikolai-Kirche in Mahndorf [34]. Diese meist auf basilikalem Grundriss konzipierten Kirchenbauten wirken außen wie innen durch ihre Größe, Kubatur und ihren kargen Wandaufbau. Im Gegensatz zu dieser fast schon modernen Strenge greift Brandt bei den Baudetails eher auf traditionelle, dem Barock und Klassizismus entlehnte Figuren zurück, so z.B. bei der Turmbalustrade, bei Traufsteinen oder Gesimsprofilen. Beachtenswert ist die Zusammenfassung der jeweiligen Kirchengebäude, der kräftig dimensionierten Türme und der Gemeinderäume zu städtebaulichen Ensembles mit großzügigen Innenhöfen.

Unter den Kirchenneubauten der frühen Nachkriegszeit, denen eine eher konservative Haltung zu Grunde liegt, wäre auch die St. Georgs-Kirche in Horn von Ludger Sunder-Plassmann [16] mit ihrer eigentümlichen Stilmischung romanischer, barocker und mediterraner Elemente zu erwähnen.

Zwischen Tradition und Moderne in den 50er und 60er Jahren

Mit dem rasanten Bevölkerungswachstum und der Errichtung neuer Stadtteile in Bremen Mitte der 50er Jahre begann auch im Kirchenbau ein neues Kapitel. Aus- und Neugründungen von Kirchengemeinden waren an der Tagesordnung und machten neue Gemeindezentren und Kirchenbauten in rascher Folge erforderlich, wobei Quantität und bauliche Qualität nicht immer übereinstimmten.

In dieser Phase entwickelte sich in Bremen ein eigenständiger, von romantischen Rückgriffen befreiter Kirchenbaustil, der zwar seine Herkunft aus der niederdeutschen Bautradition nicht verleugnet, sich aber doch partiell – wie beim Wohnungsbau der Zeit – einer schlichten, zurückhaltenden Moderne öffnet. Die meisten der 30 Sakralbauten dieser Zeit halten am Prinzip des längsgerichteten Raumes fest, der von Satteldächern in unterschiedlichen Varianten überspannt wird. Fast üblich ist die Verwendung von Ziegelmauerwerk, das innen häufig weiß gestrichen wurde, nicht selten von einem Betonskelett konstruktiv gegliedert. Diese Bauweise liegt auch den

Glockenstuhl der St. Markus-Kirche in Obervieland

Nachbarschaft in Walle: St. Marien-Kirche und Wilhadi-Kirche

meist solitär angeordneten Türmen zugrunde, dort aber mit Betonaufsätzen dekorativ ergänzt – als gelte es, wenigstens mit der Turmgestalt ein für die Gemeinde unverwechselbares Zeichen zu setzen.

Dass die Linie zwischen dieser und der vorausgehenden Epoche nicht immer trennscharf oder chronologisch definiert werden kann, zeigt das Beispiel der beiden Waller Kirchen St. Marien [4] von Georg Lippsmeier und der bereits erwähnten Wilhadi Kirche von Fritz Brandt. Obwohl die ältere von beiden, zeigt St Marien bereits eine klare, durch Betonelemente gestraffte Gliederung.

Der Bremer Architekt und Dombaumeister Friedrich Schumacher hat in dieser Zeit einige herausragende Kirchen geschaffen, die hier stellvertretend für andere genauer betrachtet werden sollen. Es handelt sich um die Martin-Luther-Kirche in Findorff [23], die St. Petri Domkapelle am Osterdeich [33], die Hohentorskirche in der Neustadt [35], die Philippus-Kirche in Gröpelingen [41] und die St. Johannes-Kirche in Huchting [59], die letzten vier Kirchen in Partnerschaft mit dem Architekten Claus Hübener. Diese längsgerichteten Kirchen zeichnen sich meist durch massige Baukörper aus (man spricht bei der Martin Luther-Kirche sogar vom „Findorffer Dom"), deren Dächer und Kuben in Ziegelbauweise zu einer großen Gebäudeskulptur zusammengefügt sind. Betonstreben und Rasterelemente gliedern die schlichten Fassaden und setzen dekorative Akzente. Bei den beiden letztgenannten wird eine Annäherung an moderne Baugedanken am deutlichsten. Durch seinen konischen Grundriss und eine ansteigende Trauflinie erhält der Innenraum der Philippus-Kirche einen beinahe expressiven Zug. St. Johannes ist gegenüber den früheren Bauten des Architekten feingliedriger und weniger monumental gestaltet.

In ähnlicher Weise, wenn auch in bescheideneren Dimensionen, verfahren viele andere Kirchenarchitekten, unter ihnen Jan Noltenius: Gemeindezentrum Bockhorn [17], Matthias Claudius-Kirche [37] und St. Pauli-Kirche [46]. Bei dieser Kirche wird der übliche Rechteck-Grundriss

Hohentorskirche mit Innenhof

Martin-Luther-Kirche, der „Findorffer Dom"

durch Abfasungen der Ecken und Ausbuchtungen der Stirnseiten in ein spannungsreiches Vieleck verwandelt. Auch die St. Nikolaus Kirche in Gröpelingen von Josef Feldwisch-Drehntrup [15] mit ihrer netzförmigen Betongliederung des Längsschiffes und der Doppelturmfassade wäre in diesem Zusammenhang zu nennen.

Eine besondere Variante verfolgt Joachim Böhmert und nach dessen Tod Gerhard Müller-Menckens bei der Kon-

Philippuskirche in Gröpelingen

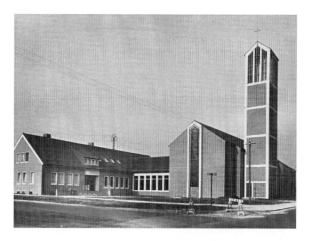

Oben: Gemeindezentrum Bockhorn mit Vorplatz
Unten: Heilig-Geist-Gemeindezentrum mit Vorplatz

zeption der Heiliggeist-Kirche in der Vahr [30]; hier wird das Dach schmetterlingsförmig nach oben gespreizt, so dass hohe Fenster viel Licht in den von warmen Holztönen freundlich gestimmten Innenraum bringen können. Kirche, Turm und Gemeindezentrum bilden ein besonders stimmiges Ensemble. Ähnliche Dachformen zeigen auch die beiden vom Hochbauamt unter Baurat Alfred Meister entworfenen Sakralbauten, die Hemelinger Friedhofska-

Blick in die Feierhalle des Friedhofs Huckelriede. Die Seitenwände sind ganz in Glas gehalten.

pelle [24] und die von beiden großen Religionsgemeinschaften genutzte Kirche auf dem Klinikgelände an der St.-Jürgen-Straße [32].

Eine besonders gediegene Architekturhaltung zeigt Müller-Menckens mit dem Bau der Feierhalle auf dem Huckelrieder Friedhof [52]. Die Anlage verzichtet im Gegensatz zu den meisten anderen Kirchenbauten dieser Epoche auf die Verwendung von Ziegelsteinen und Satteldächern und offenbart mit ihrer fein gegliederten, flach gedeckten, minimalistischen Betonarchitektur ein wohlproportioniertes, in die Friedhofslandschaft komponiertes Gebäudeensemble mit hoher sakraler Strahlkraft. Es ist in seiner wohltuenden Schlichtheit zu vergleichen mit der bereits 1957 von den überregional bekannten Kirchenbauarchitekten Otto Bartning und Otto Doerzbach errichteten Kapelle mit Krematorium auf dem Waller Friedhof [10] – ein um einen gewundenen Erschließungsweg gruppiertes Bauensemble, das sich schon zu dieser Zeit von der Enge des Heimatstils

Geschwungener Erschließungsweg zur Waller Friedhofskapelle

In die Landschaft eingefügt: Kirche zum Heiligen Kreuz in Werschenrege

befreite und mit einer Staffelung sandsteinverblendeter schiefwinkliger Baukörper ein Gesamtkunstwerk inmitten der Friedhofsanlage bildete.

Dort, wo die Kirchenumgebung eher ländlich oder dörflich geprägt ist, wurde gern auch eine Beziehung zum Typus des niedersächsischen Bauernhauses gesucht. Das mag für die Melanchthon-Kirche in Osterholz [50] von Karl-Heinz Lehnhof ebenso gelten, wie für die zur Lesumer Gemeinde gehörende Kirche Zum Heiligen Kreuz in Ritterhude-Werschenrege von Hermann Brede [44].

Viel beachtet war in dieser Zeit auch das Gemeindezentrum der Zionsgemeinde in der Neustadt des wohl bekanntesten Bremer Kirchenarchitekten Carsten Schröck [7]. Hier wurde zum ersten Mal der Sakralraum in das Obergeschoss verlegt und so dem Gemeindezentrum baulich untergeordnet, was dem Selbstverständnis dieser Gemeinde, die Kirche in die Welt zu öffnen, bis heute entspricht. Eine harmonische Anordnung der verschiedenen Funktionsgebäude rings um den massigen, von einer stilisierten Weltkugel bekrönten Turm – das Ganze in leuchtendem Ziegelmauerwerk mit filigraner Betongliederung – wirkte damals richtungsweisend für den Bremer Kirchenbau der folgenden Epoche.

Wandel zur Expressivität in den 60er Jahren

Wenn die Bremer Gemeinden in den 50er und 60er Jahren auch eher einen schlichten, gediegenen Kirchenbau bevorzugten, so mischten sich doch nach und nach auch expressive Entwurfselemente in die kirchenbauliche Landschaft. Man könnte hier von einem Experimentierfeld moderner Architektur sprechen, das jetzt vermehrt auch auf neue, gewagte Konstruktionen und Gebäudekonzepte abstellte.

Hier fallen zunächst mehrere Kirchenbauten auf, die im Unterschied zu den üblichen Längsausrichtung eher zent-

Glockenturm mit Weltkugel: Zionskirche, Neustadt

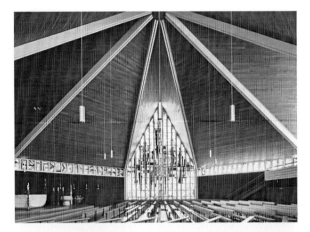

Oben: Achteckiger Innenraum: St. Ursula-Kirche in Schwachhausen
Unten: Dachkrone – St. Josef-Kirche in Oslebshausen

rierende Grundrisse mit geometrischen Aufrissfiguren bevorzugen. Aufgefaltete Dächer ruhen wie Kronen auf dem Gebäuderumpf und schicken durch die hoch liegenden Fenster das Tageslicht in das Innere. Die ausgewogenen Kirchenbauten auf kreuzförmigem Grundriss St. Ursula in Schwachhausen [51] und St. Josef in Oslebshausen [56], beide von Karl Heinz Bruns, sind hierfür prägnante Beispiele. Andere Kirchenarchitekten bevorzugen wieten Müller-Menckens zu dieser auf dreieckigem Grundriss gründenden Anlage aus Kirchenraum und Turm. Ein horizontaler Lichtschlitz aus Betonbuntglas trennt den fensterlosen Kirchensockel von dem Dachkörper, der mit einem Oberlicht im Scheitelpunkt zusätzlich Tageslicht auf den Altarbereich im Inneren lenkt.

Mit einem dreieckigen Grund- und Aufriss symbolisiert auch die Dreifaltigkeitskirche in der Neuen Vahr [47] von Peter Ahlers ihren Gemeindenamen; hier ist die Altarzone allerdings an der tiefsten Raumecke angeordnet, was die architektonische Expressivität auffallend mindert. In Abwandlung hierzu finden wir zwei weitere zeltartige Kirchenbauten, deren dreieckige, von Glasschlitzen umrahmte „Zeltwände" auf polygonalem Grundrisss schiefwinklig gegeneinander stehen: St. Michaelis im Doventor von den Architekten Jern Blanckenhorn und Gottfried Müller [43]. und die Friedhofskapelle auf dem Blumenthaler Waldfriedhof von Baurat Uhlhorn [39]. Beide Bauwerke bilden mit ihren kristallinen, turmlosen Gebäudeskulpturen Landmarken in ihrer Umgebung.

Dreieckiger Grundriss, dreieckiges Oberlicht: Versöhnungskirche in Hastedt

derum dreieckige Grundrisstypen mit hoch aufragenden Zeltwänden und -dächern. Ein frühes Beispiel dieser Gruppe ist uns von Gerhard Müller-Menckens mit der Versöhnungskirche in Sebaldsbrück überliefert [42]. Der Grundstückszuschnitt und die Trinitätssymbolik inspirier-

Zeltartiger Bau: St. Michaeliskirche im Doventorsviertel

Geschwungene Wandschalen; St Hedwig-Kirche, Vahr

Wieder andere Kirchenbauten in Bremen lösen die geometrischen Grund- und Aufrisskonzepte zugunsten fließender, organischer Bauformen auf. Zu ihnen gehört die St. Hedwig-Kirche in der Neuen Vahr der Osnabrücker Kirchenbaumeister Theo Burlage und Bernd Niebuer [26], die zwei geschwungene Wandschalen gegeneinander stellen und durch ein flach geneigtes, teilweise überkragendes Dach miteinander verbinden. Zwei bis zur Decke reichende Glasbetonfenster stellen die Verbindung zwischen den fast fensterlosen Mauerschalen her.

Der bereits erwähnte Bremer Kirchenbauarchitekt Carsten Schröck hat mit der Auferstehungskirche in Hastedt ein weiteres Beispiel für eine geschwungene Kirchenbauform geschaffen [13]. Offensichtlich inspiriert von der Wallfahrtskirche Ronchamp des berühmten Architekten Le Corbusier, kreiert Schröck eine bauliche Verbindung zwischen einer parabelförmigen Betonschale, die den Altarraum umfängt, und dem mit großen Holzbindern überspannten, seitlich belichteten Gemeinderaum. Eine zusätzliche Lichtführung erfolgt durch bunt verglaste Einschnitte in der Betonschale und von oben durch ein großes Glasfenster über dem Altarraum, so dass auch die Morgensonne, wie es der Architekt ausdrücklich wünschte, in den Innenraum gelangen konnte.

Diese avantgardistische Architektursprache steigerte Schröck noch mit zwei weiteren Kirchenbauwerken, der St. Lukas-Kirche in Grolland [29] und der Kirche der Dietrich-Bonhoeffer-Gemeinde in Huchting [57]. Der experimentierfreudige Schröck schuf in enger Kooperation mit dem durch die Münchener Olympiabauten bekannt gewordenen Ingenieur Frei Otto Seilnetzkonstruktionen, mit denen er die Sakralräume stützenlos überspannte und auch die Wandmembranen formte. Bei der Lukas-Kirche wird die Hängekonstruktion von zwei Druckbögen über einem ovalen Grundriss getragen. Beim Dietrich-Bonhoeffer-Gemeindezentrum werden die Tragegurte von fünf Pylonen aufgefangen, die einen ungerichteten Kirchen- und Gemeinderaum in Form eines schiefwinkligen Fünfecks bilden. Pfarrer und Architekt mussten viel Überzeugungsarbeit leisten, um diese außergewöhnlichen Bauformen den Gemeinden und dem Stadtteilbeirat plausibel zu

Im Volksmund „der Sessel Gottes": Auferstehungskirche in Hastedt

Leichtes Zelt: Innenraum der St. Lukas-Kirche in Grolland

„Berg des Heils": St. Willehad-Kirche in Aumund

Oben: Seilnetzdach als Blickfang: Dietrich-Bonhoeffer-Kirche in Huchting
Unten: Wie ein Schiffsbug: St. Matthäus-Kirche in Huchting

machen. In der Tat ist hier zu fragen, ob der Grundsatz des bekannten Baugeschichtlers Jürgen Joedicke befolgt wurde, „dass auch unsere kühnsten Tragkonstruktionen nichts anderes sind und sein können als Mittel, das heißt dienende Elemente der Raumgestaltung."

Andere Kirchenbauten ziehen expressive Momente aus der Dynamik ihrer Baukörper. Das trifft für die schiffsbugartig aus der Gruppe der Gemeindebauten hervortretenden St. Matthäus-Kirche [38] in Huchting von Hans Budde und Carsten Schröck zu, bei der der niedrige Turm mit dem Baukörper verschmilzt. Der Kirchenraum wird, seiner Form entsprechend, über seine Diagonale organisiert. Expressiv ist auch das steil ansteigende Dach des Mittelschiffs der St. Willehad-Kirche in Aumund [36] von Karlheinz Bargholz und das beinahe schwebende Dach der Andreaskirche im Leher Feld [49] von Peter Ahlers zu nennen.

Das plastisch-expressive Bemühen der Kirchenarchitekten jener Zeit war nicht ohne ästhetisches Risiko. Mancher architektonische Gestus ließe sich leicht als übertrieben und nicht angemessen kritisieren. Als Beispiel kann man die Epiphanias-Kirche [18] in der Gartenstadt Vahr von Peter Ahlers anführen. Der Balkon auf dem skulpturalen Glockenturm – gedacht für den Posaunenchor – wirkt ein wenig bizarr.

Plastisches Gesamtkunstwerk: Gemeindezentrum Ellener Brok   Am Rande der Hochhaussiedlung: Gemeindezentrum Tenever

Spät- und postmoderne Unikate im Bremer Kirchenbau

Auf die Wachstumsdynamik der Aufbaujahre folgte in den 70er und 80er Jahren eine ökonomische, soziale und städtebauliche Konsolidierungsphase, die sich dämpfend auf die bauliche Entwicklung der Stadt und somit auch auf den Kirchenbau der Zeit auswirkte. Unter dem Druck schrumpfender Ressourcen waren auch die Kirchengemeinden zu kostensparenden Lösungen, etwa bei der wechselseitigen Nutzung von Sakral- und Gemeinderäumen, gezwungen. Unter den Kirchen und Gemeindezentren dieser Phase befinden sich in Bremen einige interessante Unikate. Diese folgen meist dem sich damals herausbildenden spätmodernen Architekturstil – gekennzeichnet durch expressive Monumentalität und plastische Gebäude- und Fassadengliederung.

Der Bremer Architekt Hermann Brede schuf mit dem Gemeindezentrum Ellener Brok in Osterholz [53] ein erstes Beispiel dieses Architekturstils. Die einzelnen Bauteile – Kirchenraum, Turm, Glockenstube, Gemeindezentrum und Wohnungen – formte er in Sichtbeton und fügte sie zu einem plastischen Gesamtkunstwerk zusammen. Kleinere An- und Umbauten haben inzwischen den architektonischen Gesamteindruck stark verändert.

In dieser Phase begegnen wir noch einmal dem Bremer Architekten Carsten Schröck, der jetzt immer konsequenter die vom evangelischen Kirchenbautag 1969 empfohlene Entsakralisierung von Gemeindezentren verfolgte: Bei dem von ihm entworfenen Gemeindezentrum Lüssum in Blumenthal [62] verzichtete er zum ersten Mal auf einen besonders hervorgehobenen Kultraum und konzipierte den Belangen eines unterprivilegierten Stadtteils gemäß ein Ensemble aus Sozial- und Gemeinderäumen, das er aus kräftig gegliederten Ziegel-, Beton- und Fensterelementen markant gestaltete. Ein äußerlich ähnlich unspektakuläres, geradezu anti-sakrales Bauwerk stellt auch das Jona-Gemeindezentrum des Bremer Architekten William Weiss in der Neuen Vahr dar [60]. Innen mit „Marktplatz" und Fluren als kommunikative „Straßen" angelegt, wirkt dieses „Haus der offenen Tür" äußerlich etwas abweisend.

Kubische Komposition: Gemeindezentrum St. Birgitta, Burgdamm

Plastisch gestalteter Sichtbeton: St. Elisabeth-Kirche, Hastedt

Mit dem Entwurf des Gemeindezentrums Tenever [63] verfolgt Carsten Schröck ein ähnliches Konzept. Um einen zentralen Versammlungsraum („Marktplatz"), der wahlweise auch als kirchlicher Versammlungsort genutzt werden kann, gruppieren sich die gemeindlichen Funktionsräume. Anders jedoch als in Lüssum erhebt sich aus dem schlichten Ziegelbauensemble eine polygonal in die Höhe gestaffelte Mauer, die am Ende einen kleinen Andachtsraum umfängt – bekrönt von einem weit sichtbaren Kreuz. Die Vollendung dieser harmonischen Gebäudeskulptur lag nach dem plötzlichen Tod von Carsten Schröck 1973 in den Händen der Bremer Architekten Rosengart, Busse und Partner.

Ein ähnlicher Ansatz, den fast obligatorisch fehlenden Turm durch ansteigende, in einem Hochpunkt kulminierende Wände zu kompensieren, findet man auch bei zwei katholischen Kirchenneubauten der Bremer Architekten Walter Flügger und Gerd Schleuter: der St. Thomas-von Aquin-Kirche in Osterholz [67] und der 1973 entworfenen, zehn Jahre später realisierten Kirche St. Hildegard in Kattenturm [65].

Zur gleichen Zeit hatte der Bremer Architekt Veit Heckrott das mit dem BDA-Preis 1974 ausgezeichnete Gemeindezentrum St. Birgitta in Burg-Lesum errichtet [61]. Er entwarf ein kubisch gestaffeltes Gesamtbauwerk aus Kirche, Gemeindezentrum und Altenwohnheim, das von einem polygonalen Dachhut über dem vielseitig nutzbaren Sakralraum markant akzentuiert wird. Auch die ganz aus Beton geformte St. Elisabeth Kirche in Hastedt [54] von Ewald Brune mit ihren bis zur Altarzone in die Höhe gestaffelten Wandelementen kann dieser Stilrichtung zugerechnet werden.

In dieser Spätphase des Bremer Nachkriegssakralbaus begegnen wir drei Beispielen der so genannten postmodernen Architektur, die bewusst auf historische, meist mittelalterliche Gebäudeformen zurückgreift. Hierzu gehört das Abraham-Gemeindezentrum in Kattenturm der Bremer Architekten Horst Rosengart, Busse und Partner [66].

Umgeben von der verdichteten Wohnbebauung Kattenturms behauptet sich das kleinteilige Bauensemble durch seine markante Ziegelbauweise und den kreuzförmigen, an mittelalterliche Wehrkirchen erinnernden Sakralbau.

Ebenso wehrhaft präsentiert sich in Vegesack neben dem Wohngebiet „Grohner Düne" die Kirche zur heiligen Familie von Veit Heckrott und Franz G. Hopf [68], deren kubische Grundkonzeption auf verschiedene Vorentwürfe von Gottfried Böhm zurückgeht. Der quadratische Mittelbau mit Pyramidendach wird symmetrisch von vier Ecktürmen und seitlichen Anbauten flankiert und vermittelt den Eindruck eines romanischen Zentralbaus.

Als letztes Beispiel dieser Stilepoche und zugleich als eines der letzten größeren Bremer Kirchenbauten überhaupt präsentiert sich das Simon-Petrus-Gemeindehaus in Habenhausen des Wuppertaler Architekten Will Baltzer [71]. Mit dem einfachen Längsbau mit Ziegelmauerwerk und Satteldach kehrt dieser Sakralbau zu den schlichten Kirchentypen der Nachkriegszeit zurück; lediglich ein Glockenturm und ein durchlaufender Dachreiter in Stahlkonstruktion heben das wohlproportionierte postmoderne Bauensemble noch als besondere Kultstätte heraus. In der Folgezeit kommt der Kirchenbau in Bremen in seiner klassischen Form zum Erliegen. Sakral- oder Kulträume werden, wenn überhaupt, nur noch als Andachtsräume in größeren Sozial- oder Kultureinrichtungen errichtet, wie es der Bremer Architekt Ulrich Tilgner im katholischen Altenstift St. Laurentius in der Gartenstadt Vahr [73], im Andachtsraum des Caritas-Zentrums in Schwachhausen (2004), im Klinikum Bremen Mitte [75] oder im Birgittenkloster im Schnoor [74] eindrucksvoll zeigt. Dabei stehen bescheidene, zentral ausgerichtete Raumkompositionen mit wenigen symbolisch unterlegten Gestaltungsakzenten im Vordergrund. Insgesamt ordnen sich diese Sakralräume der Architektur des Rahmengebäudes unter und geben damit ihren Anspruch auf städtebauliche und kultische Heraushebung auf.

Kirche zur Heiligen Familie am Grohner Markt

Abraham-Kirche in Kattenturm

Die Simon-Petrus-Kirche in Habenhausen, Bremens jüngste evangelische Kirche

St. Laurentius-Kapelle im katholischen Altenstift St. Laurentius, Gartenstadt Vahr

Der sakrale Innenraum

Bei den bisher vorgestellten Kirchenbauten lässt sich – zumindest in der Außenarchitektur – nur selten ein direkter Zusammenhang zwischen liturgischer Absicht und gebauter Form feststellen. Auch findet man in den Archiven, z. B. bei Festvorträgen oder Baubeschreibungen, wenig Anhaltspunkte für ein solches Zusammenspiel. Letztlich sind es die einfachen Metaphern von „Geborgenheit und Beheimatung" (Melanchthon-Gemeinde) von „Zuflucht und Schutz" (Abraham-Gemeinde) oder von der „Zeltkirche als Symbol für christliche Wanderschaft", die die bremische Sakralarchitektur prägen. Architekten wie Carsten Schröck argumentierten darüber hinaus häufig mit der „Öffnung" der Kirche in den Stadtteil. „Der Kirchenraum ist wie ein Bindeglied, ein Raum zwischen dem transzendenten Ziel des Glaubens dieser Zeit und dem aufblühenden Leben in den Städten". (Carsten Schröck: „Gedanken zum gegenwärtigen Kirchenbau zwischen Vergangenheit und Zukunft" 1969).

So bewegt sich die Kirchenarchitektur dieser fünfzig Jahre im Spannungsfeld zwischen Raumöffnung (in die Gesellschaft) und Raumschließung (Zufluchtsort), was sich in besonderer Weise auch in der Innenarchitektur widerspiegelt – hier vor allem mit mehr symbolischem Pathos und gestalterischer Raffinesse.

Das gilt zunächst für den Standort des Altars. Hier setzt sich zunehmend eine Hinwendung des Altars zur Gemeinde durch, was sich bei den zentral konzipierten Kirchen wie z.B. St. Ursula, St. Hildegard, St. Lukas, Abraham-Gemeinde, St. Antonius, St. Josef oder St. Laurentius in einer halb- oder viertelkreisförmigen Anordnung des Gestühls um den Altar niederschlägt. Mit Blick auf die Lukas-Kirche erläuterte die Evangelische Kirchenzeitung 1961: „Die Gemeinde will nicht dem Gottesdienst beiwohnen, sondern daran teilnehmen, hörend, antwortend, vielleicht sogar fragend. Für diese Gottesdienstform ist das alles umschließende Oval der sinngemäße Ausdruck. Altar, Kanzel und Taufstein stehen an dem einen Brennpunkt der Ellipse, um den anderen aber sammelt sich auf zweck-

Kapelle des St. Birgitten-Klosters im Schnoor-Viertel

mäßig angeordnetem Gestühl die Gemeinde." Die einzige „Rundkirche" in Bremen nach 1950, die sechseckige Reformierte Kirche in Aumund von 1963, nutzte allerdings ihre zentrierte Raumkonstellation nicht für eine kommunikative Gottesdienstform, sondern rückt den Altartisch an eine Seitenwand [28].

Der Wunsch nach einer engeren Verbindung von Altar und Gemeinde hat z.B. die Heiliggeist- und die Christusgemeinde bewogen, den Altartisch im Nachhinein in die Raummitte zu versetzen und das Gestühl darum herum zu gruppieren, auch wenn bei der Christuskirche, trotz des kreuzförmigen Grundrisses, eine einseitige Ausrichtung des Gestühls beibehalten wurde. In zahlreichen katholischen Kirchen, zum Beispiel in St. Marien und

Dachkonstruktion als Teil der Innenraumgestaltung: St. Petri-Domkapelle, Blick zum Altar

Georg Meistermann, Fenster der Thomas-Kirche (Ausschnitt)

cken- und Dachkonstruktion als Himmelssymbol herausgestellt – etwa durch Hervorhebung des Trag- oder Faltwerkes (St. Michaelis, Melanchthon-Kirche, Matthäus-Kirche) oder durch dekorative Gestaltung der Binderkonstruktionen (Versöhnungskirche, Domkapelle oder Simon-Petrus-Kirche).

Dächer – in welcher Form auch immer – lösen offensichtlich bei den Menschen ein Gefühl der Geborgenheit und des Schutzes aus. Hiermit im Zusammenhang steht auch die Verwendung anheimelnder, „warmer" Materialien und Farben – vorrangig Holz und warme Ziegeltönung. Diese innenarchitektonische Anmutung ist im Bremer Kirchenbau häufig anzutreffen und auch ausdrücklich gewünscht (St. Remberti, Heiliggeist-Kirche, Zum Heiligen Kreuz).

Die spürbarste sakrale Wirkung aber geht ganz ohne Zweifel von der Lichtführung im Raum aus. Licht kann den Raum durchfluten; Licht kann durch indirekten Seiteneinfall ganze Wände magisch erhellen; und Licht kann durch Bündelung – z.B. von oben, wie bei der Versöhnungskirche, bei dem Gemeindezentrum Tenever oder bei St. Hildegard – besondere Kultstätten im Raum fokussieren. Von all diesen gestalterischen Möglichkeiten machen die Kirchenarchitekten reichlich Gebrauch. Ja, sie steigern diese Wirkung noch durch farbliche Gestaltung der Glaswände und Fenster und akzentuieren damit die sensible Grenze

St. Nikolaus, lässt sich ebenfalls das nachträgliche Abrücken des Altars von der Wand und die Aufhebung der Kommunionsschranke feststellen – eine Folge der Beschlüsse des Zweiten Vatikanischen Konzils Mitte der 60er Jahre.

Zur Steigerung der kultischen Raumwirkung gehört bei allen Kirchen eine überproportionale Raumhöhe, wohl ein Ausdruck des Festlichen und Erhabenen. Hier mag St. Willehad als Beispiel gelten. Gerne wird auch die De-

Erhart Mitzlaff, das Palmensonntagsfenster in der Zionskirche

zwischen Innen und Außen, zwischen dem weltlichen und kultischen Bereich.

In vielen Fällen bildet das farbige Glas einen zarten Schleier zwischen außen und innen wie z.B. bei den raumhohen Glaswänden der Marien-Kirche (Wolfgang Röhrich), der Thomaskirche (Georg Meistermann) oder der Matthias-Claudius-Kirche (Albrecht Kröning). Andere Gemeinden verwenden diese Lichtwände für bildliche Darstellungen, wie das Auferstehungsfenster in der Paul Gerhard-Kirche (Will Torger), das Palmsonntagsfenster in der Zionskirche (Erhart Mitzlaff), die Darstellung des Marburger Religionsgesprächs in der Melanchthon-Kirche (Albrecht Kröning) oder das von der Theologie der heiligen Hildegard inspirierte Fensterwand von Günther Radloff in der St. Hildegard-Kirche. Und dann gibt es noch das expressive Farbspiel abstrakt gestalteter Lichtbänder und

Mosaiken, meist aus betongefassten Glassteinen in leuchtenden Farben, wie z.B. bei der St. Pauli-Kirche (Albrecht Kröning) der Auferstehungskirche (Erhart Mitzlaff) oder der Versöhnungskirche (Ludwig Schaffrath). Erst nachdem die Sakralbauten in der allgemeinen Architektur der Gemeindezentren aufgehen, wird meist auch auf die sakrale Wirkung von Buntverglasungen verzichtet. Die früher angestrebte Abschirmung des Kultraumes wird nun von einer offenen, transparenten Kommunikation zwischen innen und außen abgelöst – so wie es Gerhard Müller-Menckens 1969 bei der Huckelrieder Friedhofskapelle oder Hermann Brede bereits 1966 bei der Kirche Zum Heiligen Kreuz überzeugend realisierten.

Auf die weitere Ausstattung der Kirchenräume mit Kunstgegenständen und deren kultischen Implikationen kann an dieser Stelle nicht vertiefend eingegangen werden. Insbesondere die Ausstattung der Kirchen mit Meisterwerken der Orgelbaukunst wäre einer gesonderten Würdigung wert. Namhafte Orgelbauerwerkstätten, darunter die Firma Führer aus Wilhelmshaven (allein über zehn Instrumente), Beckerath aus Hamburg, Kleuker aus Bielefeld und Schuke aus Berlin haben hervorragende Schleifladen-Orgeln mit anspruchsvollen Prospekten geschaffen und damit auch ihren Beitrag zur architektonischen Qualifizierung und kultischen Vertiefung der Kirchenräume in Bremen geleistet.

Ausblick

Unser Überblick über fünfzig Jahre Bremer Kirchenbau macht deutlich, welches baukulturelle Potenzial sich in dieser Zeit in unseren Stadtteilen angesammelt hat, mit welchem Enthusiasmus Kirchenbauarchitekten und ihre Auftraggeber am Werke waren und wie diese Baukultur den Rahmen für eine engagierte und tiefgründige Gemeindearbeit bildete und noch bildet.

Oben: Albrecht Kröning, Darstellung des Marburger Religionsgesprächs in der Melanchthon-Kirche in Osterholz

Unten: Günther Radloff, Fensterwand in der St. Hildegard-Kirche

Und dennoch müssen wir zur Kenntnis nehmen, dass dieses kirchenbauliche Kapitel in Bremen offensichtlich in seiner jetzigen Form zu einem Ende gekommen ist. Angesichts des sozialen und demografischen Wandels unserer Gesellschaft, der schrumpfenden Gemeinden und sich

Günther Radloff, Fensterwand in der St. Ursula-Kirche

leerenden Gemeindekassen steht heute die diakonische Arbeit der Gemeinden und ihrer Seelsorger im Vordergrund kirchlichen Handelns, was im Hinblick auf kirchenbauliche Aktivitäten allenfalls noch zum Um- oder Ausbau des einen oder anderen Gemeindezentrums (wie zum Beispiel bei der soeben abgeschlossenen Modernisierung von St. Mathäus) führen wird, nicht aber zum Bau neuer Kirchen. Für den Gottesdienst selbst steht eine ausreichende Zahl vorhandener Kulträume zur Verfügung.

Hier nun stellt sich bei der Fülle des Angebots an vorhandenen Kirchen und der sinkenden Zahl der Nutzer die Frage nach ihrer baulichen Erhaltung oder Anpassung. Abgesehen von der Entwidmung einiger katholischer Kirchen (siehe Beitrag von Martina Höhns in diesem Buch) konnten Kirchenabbrüche, wie in vielen anderen Regionen, bislang fast vermieden werden. Offensichtlich sind die Bremer Nachkriegskirchen in ihrer oft schlichten und wenig raumgreifenden Gestalt leichter in das gewandelte Gemeindeleben unserer Zeit zu integrieren und geeignet, auch neue Formen gemeindlichen und übergemeindlichen Lebens in sich aufzunehmen. Verwiesen sei an dieser Stelle auf den Wandel der Stephanikirche zur „Kulturkirche", auf neue Jugendangebote in der Matthias-Claudius-Gemeinde oder auf den Umbau der Herzjesukirche in der Kornstraße zum Altenzentrum. „Lieber soll das Gemeindeleben ganz in die Kirchenräume verlegt werden, als dass Kirchen aufgegeben werden" heißt es in den Grundsätzen der EKD zur Umwidmung von Kirchen. Und auch die Deutsche Bischofskonferenz zieht im Falle der Umnutzung kulturelle Aufgaben einer „Nutzung für kommerzielle Zwecke" vor.

Gerade in einer zweckrational und ökonomisch organisierten Alltagswelt sind die von der architektonischen Norm abweichenden Kirchenbauwerke von unschätzbarem Wert. Sie sind – so Renke Brahms – „sichtbare Erinnerungszeichen für andere Dimensionen unseres Lebens, Mahnwache und Protest gegen jegliche Verzweckung". Sie geben im wahrsten Sinn des Wortes Raum für unangepasstes Denken und Handeln sowie für eine emotionale und spirituelle Entfaltung der modernen Menschen. Dieses bauliche Potenzial gilt es auch in der Zukunft auszuschöpfen.

Hohentorskirche, architektonisch gelungene Einfügung der Orgel

Literatur und Quellen

Konrad Gatz, Willy Weyres, Otto Bartning: Handbuch für den Kirchenbau, München, 1959

Hans-Jürgen Kutzner u.a.: In Arbeitsstelle Gottesdienst 01/2009, Zur Erinnerung an Otto Bartning (1883-1959)

Bauwelt 4 / 03: Kirchenbauten

Deutsches Architektenblatt 11 / 2005: Bauherr Kirche

Peter Meier-Hüsing, Dirk Otten: Handbuch der religiösen Gemeinschaften in Bremen, Bremen, 2003

Georg Skalecki, Schriftenreihe des Landesamtes für Denkmalpflege Bremen, Denkmalpflege in Bremen, Heft 6, Bremen, 2009

Siegfried Fliedner, Werner Kloos: Bremer Kirchen, Bremen, 1961

Claus Heitmann: Von Abraham bis Zion, Bremen, 2006

Hermann Stieglitz: Handbuch Bistum Osnabrück, Osnabrück, 1991

Eberhard Syring: Bremisch oder modern, In: Bremen und seine Bauten 1950 bis 2005, Unveröffentlichtes Manuskript

Bremer Zentrum für Baukultur, Schriftenreihe Band 5, Horst Rosengart, Delmenhorst und Berlin, 2006

Bremer Zentrum für Baukultur, Schriftenreihe Band 8, Architektur einer Hafenstadt, Carsten Schröck, Delmenhorst und Berlin, 2007

Bremer Zentrum für Baukultur, Schriftenreihe Band 11, Continuo, Der Architekt Gerhard Müller-Menckens 1917-2007, Bremen, 2009

Landesamt für Denkmalpflege Bremen, Rolf Kirsch, Begründungen zu den Unterschutzstellungen der St. Remberti Kirche (1995), des Gemeindezentrums der Zionsgemeinde (2008), der St. Ansgarii-Kirche (1994), St. Hedwig-Kirche (1999), St. Lukas-Kirche (1993), St. Markus (1995)

St. Michaelis Betonglasfenster

Die Synagoge mit anschließenden Versammlungsräumen. Blick von der Schwachhauser Heerstraße

Die neue Synagoge in Bremen

Sunke Herlyn

Die Geschichte der jüdischen Gemeinde in Bremen spiegelt auf beklemmende Weise Schrecken und Terror der Nazizeit wider: 1933 zählte die Gemeinde 1314 Mitglieder. Nach Vertreibung, Verfolgung und Vernichtung gab es am Kriegsende nur noch 106 jüdische Mitbürger in der Hansestadt. Diese schlossen sich 1945 nach der Rückkehr ihres früheren Vorsitzenden Carl Katz aus Theresienstadt zur neuen Israelitischen Gemeinde in Bremen zusammen. Die Gemeindeversammlung wurde zunächst in einem Privathaus am Osterdeich abgehalten. Die alte Synagoge an der Kolpingstraße – 1876 nach Plänen von J.D. Dunkel errichtet – war in den Pogromen der „Reichskristallnacht" und durch spätere Übergriffe zerstört worden.

Da eine Revitalisierung nach dem Krieg nicht mehr möglich erschien, entstand mit Unterstützung der Stadtgemeinde an der Schwachhauser Heerstraße ein neues Gemeindezentrum, das 1961 eingeweiht wurde.

Durch Zuzüge jüdischer Glaubensbrüder und -schwestern aus dem Osten ist die Gemeinde inzwischen auf 1200 Mitglieder angewachsen, die in der jetzt so bezeichneten „Jüdischen Gemeinde im Lande Bremen" eine neue religiöse und kulturelle Heimat fanden. Aus diesem Grunde wurde das Gemeindezentrum 1989 auf dem rückwärtigen Grundstück um einen neuen Gemeindesaal mit Kindergarten erweitert (Architekt: Johann Taute aus Bremen).

Der von dem Recklinghauser Architekten Klaus Gerle errichtete Ursprungsbau an der Schwachhauser Heerstraße besteht aus einem lang gestreckten zweigeschossigen Gebäude im sachlichen Stil der 50er Jahre mit Versammlungsräumen, Bibliothek, Lehr- und Büroräumen – auf der westlichen Seite ergänzt durch einen rechtwinklig dazu angeordneten Wohntrakt. Die Fassaden sind mit hellem Formstein verblendet und durch Fensterelemente mit gekreuzten Sprossen dekorativ akzentuiert.

Auf der Ostseite schließt sich der eigentliche Synagogenbau an: Über einem quadratischen Grundriss erhebt sich ein monumentaler Kubus aus Rotsandstein, der von einer großen, flachen Kuppel überwölbt wird. Dieses mit seiner Kuppel und den hohen bunt verglasten Bogenfenstern exotisch anmutende Gebäude verdeutlicht die Vorstellung vom salomonischen Tempel in Jerusalem, auch wenn es für diese Symbolik in der jüdischen Baukunst keine festen Gestaltungsvorgaben gibt. Das Äußere von Synagogen unterliegt – ähnlich dem modernen Kirchenbau – keinem liturgisch gesetzten Formkanon.

Im Gegensatz dazu folgt die Innenausstattung jüdischer Sakralbauten einer Jahrtausende alten Tradition: Im Mittelpunkt des gottesdienstlichen Rituals stehen die Thorarollen, die allein durch ihre Anwesenheit den Raum heiligen und ihn zur Synagoge erheben. Der Thoraschrein mit Ausrichtung auf den Osten und das Pult, die Bima, von wo der Rabbiner aus den Thorarollen liest, gehören seit jeher zum unverzichtbaren Bestandteil einer synagogalen Innenausstattung. Sie sind in der Regel durch Stufen und besondere künstlerische Gestaltungen hervorgehoben.

Die Bremer Synagoge spiegelt diese Anordnung eindrucksvoll wider: Die mit drei Stufen erhöhte, mittig angeordnete Bima ist dreiseitig vom Gestühl der männlichen

Gemeindemitglieder umgeben. Diese drei Sitzgruppen versinnbildlichen nach orthodoxer Tradition die Vorhöfe des Jerusalemer Tempels. Die vierte Seite wird vom Thoraschrein eingenommen, der nochmals erhöht hinter der Bima angeordnet ist. Ein Vorhang verhüllt traditionsgemäß den Schrein – in der Bremer Synagoge durch seine Höhe fast bis zur Decke wirkungsvoll herausgehoben. Ein breites, ägyptisch anmutendes raumhohes Portal rahmt den Thoraschrein. Die Empore – dem Thoraschrein gegenüber – nimmt die Plätze für die weiblichen Gemeindemitglieder auf.

Der Synagogenraum insgesamt strahlt mit seiner sichtbaren Kuppelwölbung und dem schlichten Ausstattungsdekor eine festliche, auf die Dominanz des Thoraschreins ausgerichtete Würde aus.

Das Gestaltungsspektrum der nach 1945 errichteten Bremer Sakralbauten wird durch die Synagoge und ihre spirituelle Innenwirkung durch eine besondere Facette erweitert. Es zeigt sich einmal mehr, dass sich die Sakralbaukunst nicht klar definierten Bauepochen zuordnen lässt, sondern ihre eigene architektonische Qualität aus der religiösen Bestimmung des jeweiligen Sakralbaus entfaltet.

Der festlich-würdevolle Sakralraum mit Thoraschrein

Wir danken Frau Elvira Noa, der Vorsitzenden der Jüdischen Gemeinde im Lande Bremen, für wichtige Informationen zu ihrer Gemeinde und deren Synagoge.

Die Fatih Moschee in Bremen

Sunke Herlyn

Die älteste und größte muslimische Gemeinde in Bremen gründete 1974 den „Verein zur Erhaltung des islamischen Gebetsraumes in Bremen e.V." Nach mehreren provisorischen Unterkünften wurde aus Spenden der damals ca. 600 Mitglieder und weiterer Muslime aus ganz Bremen die neue Fatih Moschee in Gröpelingen – dort wo die meisten Gemeindemitglieder wohnen – errichtet und 1998 feierlich eingeweiht. Mit ihrem 27,5 m hohen Minarett und ihrer exponierten Lage an der Stapelfeldstraße bildet die Moschee eine Attraktion für Besucher und Bewohner und ein Wahrzeichen im Stadtteil.

Die von dem Architekten Asur Yilmaz 1995 entworfene Moschee ist als dreigeschossiger Bau auf rechteckigem Grundriss konzipiert. Das Erdgeschoss beherbergt das Gemeindezentrum mit Jugend-, Bildungs- und Büroräumen sowie eine Cafeteria und einen Buchladen, während die Obergeschosse den Gebetsraum mit Vorhalle und Empore aufnehmen. Das Zentrum des Gebetsraumes liegt im südlichen Gebäudeabschnitt – bekrönt von einer mächtigen Kuppel mit einem Durchmesser von zwölf Metern.

Zwar gibt es auch im Islam keine präzisen Vorschriften für die Außenarchitektur der Moscheen, doch sucht der europäische Moscheenbau gerne seine Vorbilder in der osmanischen Baukunst mit ihrer auffallenden Kuppelarchitektur. Die Bremer Fatih Moschee knüpft an diese Tradition an und erinnert mit ihrem Namen an die große Fatih Moschee in Istanbul aus dem 15. Jahrhundert. Gleichzeitig verweist „Fatih" auf die erste Sure des Korans.

Das Gebäude ist in schlichtem, weißen Klinker gehalten. Es verzichtet mit Ausnahme der Minarettspitze und einer

Kuppel und Minarett prägen die Silhouette der Fatih Moschee in Gröpelingen

monumental wirkenden zweiläufigen Außentreppe auf jegliche dekorativen Elemente.

Im Gegensatz dazu ist der Gebetsraum im Inneren prächtig dekoriert. Die Wände und die acht schlanken, Kuppel tragenden Säulen sind über und über mit meist blau gemusterten Kacheln und dekorativen arabischen Schriftzeichen aus dem Koran bedeckt. Der vorherrschend rot gehaltene Teppich im Hauptraum und auf der Empore bietet 1300 betenden Besuchern ausreichenden Platz.

Unabdingbar für eine Moschee ist die nach Mekka weisende Gebetsnische (Mihrab). In Bremen liegt sie in der südöstlichen Raumecke. Damit weicht die Gebets- und Blickrichtung von der nord-südlichen Symmetrie der Raumarchitektur ab, was die Orientierung im Raum erschwert.

Der Predigtstuhl zur Linken und der Hochstuhl zur Rechten der Mihrab sind dem Imam für Gebet und Predigt vorbehalten. Von einer kleinen Tribüne (Dikka) ruft der Muezzin fünfmal am Tage zum Gebet. Hohe Fenster und ein Fensterkranz im Kuppelschaft tauchen den Raum in ein helles, freundliches Licht.

So finden wir in Bremen im sakralbaulichen Spektrum der letzten Jahrzehnte mit der Fatih Moschee ein weiteres interessantes Beispiel für die Wechselwirkung von religiöser Raumnutzung und baulicher Raumgestaltung. Die Bremer Fatih Moschee bedient sich bei der Wahl ihrer architektonischen Mittel der traditionellen Baukultur der osmanischen Zeit und verzichtet soweit auf moderne oder auch modernistische Stilelemente.

Wir danken Herrn Kabadayi, Pressereferent der Fatih Moschee, für die freundliche Unterstützung.

Der farbenprächtiger Gebetsraum, Blick vom überkuppelten Zentrum zur Empore

„Doxologie in Stein". Katholische Kirchenbauten in Bremen im Wandel der Zeit – Herz Jesu als Beispiel einer Umnutzung

Martina Höhns

Jedes Bauwerk drückt eine Weltsicht aus, aber auch ein Verständnis vom Menschen. Architektur ist ein besonderes Medium der Kommunikation und des Sozialen. In ihr zeigen sich gesellschaftliche bzw. religiöse Veränderungen. Jeder Bau legt bestimmte Bewegungs-, Blick- und Handlungsweisen nahe und beeinflusst damit das Verhalten. Bauwerke sind „Drehpunkte der sozialen Beziehungen" und architektonische Entwürfe können zu vorwärts treibenden Utopien werden.

Auch Kirchenbauten spiegeln das Selbstverständnis der Kirche der jeweiligen Zeit wider. Kirchenbau und Kirchenbild korrespondieren miteinander. Im Kirchenbild, das häufig mit einer Metapher umschrieben wird, verdichten sich die Vorstellungen einer Zeitepoche davon, was die Kirche ausmacht und prägt. Die Dinge in einem Kirchenbau werden in ihrer architektonischen und künstlerischen Gestalt zu Trägern von Bedeutung. Sie weisen über das vordergründig Materielle hinaus: durch Formgestalt, Grundriss, Raumgliederung, Materialgebrauch, Größenordnung, Stil, Lichtführung, Ausstattung, Akustik, Beleuchtung. Als gestaltete Umwelt macht die Architektur den gläubigen Menschen die Welt auf Gott hin transparent.

Für die Gläubigen ist eine Kirche nicht irgendein Gebäude: „Eine Kirche ist nicht nur eine orientierende Landmarke, ein architektonischer Akzent in unseren Städten und Dörfern oder ein schützenswertes Denkmal. Für uns katholische Christen ist jedes Kirchengebäude zunächst Haus Gottes, Haus für die Feier des Gottesdienstes der Gemeinde und Haus des Gebetes für jeden Einzelnen. In unseren Kirchen ist etwas spürbar von der Gegenwart Gottes, sie sind Räume der Ehrfurcht und Anbetung", so Kardinal Karl Lehmann in der Arbeitshilfe der Bischöfe zur Umnutzung von Kirchen. Kirchen sind „steinerne Zeugen des Glaubens", „Gestalt gewordene Theologie", „sichtbarer Beweis christlicher Identität" und eine „Lobzusage an Gott (= Doxologie) in Stein".

Deshalb sind Kirchen auch „Orte des Heiligen", also Sakralbauten. Ihre Sakralität gründet in der Heiligkeit der Versammlung der Gläubigen, in der Gegenwart Christi im eucharistischen Sakrament sowie im Vollzug heiliger Handlungen, wie zum Beispiel der Feier der heiligen Messe oder der Spendung der Sakramente.

In Bremen stammt der überwiegende Teil der heute existierenden katholischen Kirchengebäude aus der Zeit nach 1945 als die Zahl der Katholiken durch den Zuzug vieler Flüchtlinge und Vertriebener stark wuchs. Lediglich die Propsteikirche St. Johann, die Kapelle im Krankenhaus St. Joseph-Stift, die Kirche St. Godehard in Hemelingen, die St. Marienkirche in Blumenthal, die Christ König-Kirche in Rönnebeck sowie die ursprüngliche Herz Jesu-Kirche in der Neustadt sind älter, abgesehen von den alten vorreformatorischen Kirchen, die jetzt protestantisch sind.

In der Nachkriegszeit entstanden zunächst provisorische Notkirchen, zum Beispiel in der Pfarrei St. Elisabeth in Hastedt. Andere Gemeinden nutzten fremde Räume für die Feier des Gottesdienstes: so war zum Beispiel St. Antonius in Osterholz zu Gast in der evangelischen Dankeskirche, später bei den Urania-Lichtspielen.

Der ab Mitte der 1950er Jahre einsetzende Nachkriegskirchenbau lässt sich in drei Phasen einteilen: 1. Die Zeit vor dem Zweiten Vatikanischen Konzil (bis 1962), in der in Bremen acht neue katholische Sakralbauten entstanden; 2. Die Zeit des Zweiten Vatikanischen Konzils (1962-65), während der fünf neue Kirchen oder Kapellen entstanden; und 3. Die nachkonziliare Phase (ab 1966), die vierzehn Kirchenneubauten hervorgebracht hat. Mehr als die Hälfte der katholischen Kirchenbauten in Bremen stammen somit aus der Zeit des Zweiten Vatikanischen Konzils oder danach.

Um den katholischen Sakralbau in Bremen nach 1945 besser einordnen zu können, hilft zunächst ein kurzer Blick zurück in die Geschichte des Kirchenbaus. Dieser historische Überblick macht deutlich, wie sehr Veränderungen im Kirchenbild sich auch im Kirchenbau widerspiegeln.

Weil die meisten katholischen Kirchen in Bremen aus der Zeit nach 1960 stammen, werden anschließend die Folgen der mit dem Konzil eingeleiteten Liturgiereform skizziert. Die Wurzeln dieser Reform liegen in der liturgischen Bewegung und reichen bis in die Mitte des 19. Jahrhunderts zurück. In der gebotenen Kürze werden einige Grundsätze des nachkonziliaren Kirchenbaus aufgezeigt.

Viele der katholischen Kirchen in Bremen wurden im Laufe der Zeit zum Teil mehrfach umgebaut. Besonders nach der Liturgiereform sind viele Altarräume neu gestaltet worden. Aber auch die zum Teil schlechte Bausubstanz aus den 50er und 60er Jahren des letzten Jahrhunderts machte Renovierungen und Umbauten notwendig. Abschließend sollen deshalb am Beispiel der Herz Jesu Kirche in der Neustadt der Wandel eines konkreten Gotteshauses im Laufe der Zeit sowie Kriterien und Perspektiven der Umnutzung von Kirchen aufgezeigt werden.

Kirchenbau und Kirchenbild

Aus den ersten drei Jahrhunderten ist keine christliche Sakralarchitektur bekannt. Gottesdienste fanden häufig in Privathäusern statt. In konstantinischer Zeit dominierte im Kirchbau ursprünglich das Motiv der „Versammlung der Gemeinde": Die als Versammlungsraum für politische und wirtschaftliche Zwecke des römischen Reiches dienende Basilika wurde zum beherrschenden Grundtyp des Kirchengebäudes. Später schob sich, auch aufgrund der engen Verbindung von Kirche und Römischem Imperium, der Repräsentationsgedanke in den Vordergrund: Der Gottesdienst spiegelte den hierarchisch geordneten Kosmos der römischen Reichskirche wider, in der der Pantokrator Christus den Platz einnahm, der im Zeremoniell einer profanen Basilika dem Kaiser zukam.

Das Selbstverständnis der Kirche als „Reich Gottes auf Erden" („Sacrum Imperium") in der Karolingerzeit spiegelte sich später in den romanischen Basiliken wider. In der hochmittelalterlichen Stadtkultur wurde es abgelöst durch das Bild der Kirche als der „vollkommenen Stadt Gottes", das in der gotischen Kathedrale seine vollendete Form fand. Hier wurde der gegliederte Einheitsraum von einer nach Ständen geordneten Raumkonzeption abgelöst. In der Spätgotik trat das Individuum stärker in den Vordergrund. Deshalb entstanden zusätzliche Nebenräume für private Andachtsübungen. Mit dem Aufkommen der Predigerorden gewannen Hallenkirchen und Saalkirchen größere Verbreitung. Spätestens seit der Reformation schien eine Selbstdarstellung der Kirche im Sinne der vollkommenen Stadt Gottes nicht mehr möglich. Die Bildidee einer durch die weltliche und geistliche Herrschaft geeinten Christenheit ging seit dem Spätmittelalter politisch und religiös mehr und mehr verloren.

Die katholische Gegenreformation führte später zur Entdeckung eines neuen katholischen Selbstverständnisses, das sich im Gestus des Barock zeigte. Die Barockkirche war zwar als Einheitsraum konzipiert, mehr aber noch als „himmlischer Thronsaal", der vor allem auf die Anbetung des in der Monstranz gegenwärtigen eucharistischen Christus ausgerichtet war. Bis ins 20. Jahrhundert prägten die starke Betonung der Realpräsenz in der Eucharistie und die von ihr geforderte Anbetungsfrömmigkeit die verschiedenen Stilrichtungen des katholischen Kirchenbaus.

Seit dem 19. Jahrhundert gibt es eine Neubesinnung auf die Theologie der Bibel und der Kirchenväter. Die Liturgische Bewegung des 20. Jahrhunderts propagierte den von der Gemeinschaft her bestimmten Kirchenbau. Sie verstand den Bau als „liturgisches Gesamtkunstwerk", das man teils mit expressionistischen Mitteln, teils im Bauhausstil zu verwirklichen suchte. Das führte sowohl zu Übernahmen frühchristlicher Bautypen als auch zu neuen Zentralraumexperimenten und zu gerichteten Längsräumen im Sinne einer „Prozessions-" oder „Wegekirche". Diese Raumordnung blieb für einen Großteil der katholischen Kirchenbauten bis in die Zeit des Massenbaus nach 1945 verbindlich.

Der Kirchenbau der Nachkriegszeit ist – nach der Phase der Notkirchen – geprägt durch Zelt-, Höhlen- und Schiffssymboliken, die meistens über zentralisierten Grundrissen errichtet wurden. Zugleich kam in den 1950er Jahren in der Ausstattung die abstrakte Kunst auf, besonders in der Glasmalerei, aber auch in der Verwendung von Beton.

Das Zweite Vatikanische Konzil und die anschließende Liturgiereform hatten maßgeblichen Einfluss auf die Veränderung des Kirchenbildes und damit auch Folgen für den Bau und Umbau von katholischen Kirchen. Der nachkonziliare Kirchenbau greift bewusst auf ältere Vorstellungen zurück. Er bevorzugt zentralisierende Ordnungen geöffneter Ringe oder Winkel um den freistehenden Altar.

Eine Tendenz der Jahre nach 1970 zur „Entsakralisierung" des Kirchenbaus und zu seiner multifunktionalen Nutzung als Mehrzweckraum und Gemeindezentrum hat sich in der katholischen Kirche nicht durchgesetzt.

Die deutschen Bischöfe weisen darauf hin, dass die Erhaltung gottesdienstlicher Räume und ihrer Ausstattung durch die Jahrhunderte hindurch nicht das Produkt musealer Konservierung darstellt, sondern der Kontinuität des Glaubenszeugnisses zu verdanken ist. Veränderungen aufgrund einer sich wandelnden Kirche und einer sich erneuernden Liturgie haben immer stattgefunden.

Das Zweite Vatikanische Konzil, die Liturgiereform und der nachkonziliare Kirchenraum

In der katholischen Kirche hat das Zweite Vatikanische Konzil (1962-1965) eine Erneuerung des gesamten Gottesdienstes der Kirche eingeleitet. Davon betroffen waren auch der liturgische Raum und seine Ausstattung. Die Liturgiekonstitution „Sacrosanctum Concilium" war das erste auf dem Konzil verabschiedete Dokument. Sie zielte ebenso wie die in den folgenden Jahren stattfindende Liturgiereform darauf, die Kirchenräume den Erfordernissen einer erneuerten Liturgie anzupassen. Das hieß in erster Linie, eine tätige Teilnahme der Gläubigen am Gottesdienst zu ermöglichen, aber auch für einen geeigneten Vollzug der heiligen Handlung Sorge zu tragen. Die Liturgie ist insofern Grundlage des Kirchenbaus, als sich der Raum auf das hinordnet, was sich in ihm vollzieht. Bauformen tragen dazu bei, die Inhalte der gottesdienstlichen Feier erfahrbar werden zu lassen.

Der gottesdienstliche Raum soll den Menschen sowohl die Begegnung miteinander als auch die Begegnung mit Gott ermöglichen und erleichtern. Deshalb soll der Kirchenraum auf Kommunikation hin angelegt sein, die die Menschen zu einer Gemeinschaft zusammenschließt und sie zugleich auf Gott hin ausrichtet. Der Raum hilft dabei, die menschliche Dimension auf die überweltliche Größe

Beispiel eines umgestalteten Altarbereichs: St. Georg-Kirche, Horn-Lehe

und Herrlichkeit Gottes hin zu öffnen. Er lädt zu Ehrfurcht ein und führt zur Erfahrung von Transzendenz.

„Damit kommt [den Kirchenräumen] die Aufgabe zu, schützend, bergend, entlastend, befreiend, befriedend zu wirken und 'heiligem Spiel' (Romano Guardini) in Gott Raum zu geben: Raum der immer wieder neu und immer wieder anders interpretiert, gefüllt, mit Leben erfüllt werden will", so die deutschen Bischöfe 2002 in ihren Leitlinien für den Bau und die Ausgestaltung von gottesdienstlichen Räumen.

Das Missale Romanum, das Römische Messbuch 2002 in lateinischer Sprache in seiner dritten Neuauflage veröffentlicht, widmet ein eigenes Kapitel der „Gestaltung und Ausstattung des Kirchenraumes für die Eucharistie". Dort heißt es im ersten Abschnitt: „Die sakralen Gebäude ... haben wahrhaft würdig und schön zu sein, Zeichen und

Symbole höherer Wirklichkeiten". Die Kirche lasse die künstlerischen Ausdrucksformen aller Völker und Regionen zu. Sie bemühe sich, alte Kunstwerke zu erhalten und, sofern nötig, neuen Erfordernissen anzupassen. Zudem sei ihr Ziel „Neues und der jeweiligen Zeit Entsprechendes zu fördern". Das Messbuch hält fest: „Die Ausstattung der Kirche hat eher ihrer edlen Einfachheit zu dienen als der Prachtentfaltung. Bei der Auswahl der Elemente für die Ausstattung achte man darauf, dass die Dinge echt sind; man sei ferner darauf bedacht, dass die Ausstattung zur Belehrung der Gläubigen beiträgt und zur Würde des ganzen heiligen Ortes" (Nr. 292).

Die Gesamtanlage des nachkonziliaren Kirchenraumes soll der „gemeinschaftlichen und hierarchischen Ordnung" entsprechen, die in verschiedenen Diensten und Tätigkeiten während des Gottesdienstes zum Ausdruck kommt und eine „ganz tiefe und verbindende Einheit bewirken".

Die meisten der katholischen Kirchen in Bremen stammen, wie erwähnt, aus der Zeit des Zweiten Vatikanischen Konzils oder danach und sind von einem nachkonziliaren Kirchenbild geprägt. Aber auch viele der schon bestehenden Kirchen wurden nach dem Konzil umgebaut oder verändert. Jeder Umbau und jede Veränderung einer Kirche verschiebt etwas im Kommunikationssystem des Baus und damit auch im Verhältnis der Nutzer des Gebäudes zueinander.

Die zahlreichen Umbaumaßnahmen im Zuge der Liturgiereform betrafen in Bremen besonders den Altarraum, der nach der Reform mehr in die Mitte der Gesamtversammlung rückte. Bereits 1965 wurden der neugotische Altar in der Propsteikirche St. Johann und zuvor bereits die Kommunionbänke sowie die Seitenaltäre abgebrochen. Der Altar wurde durch einen neuen ersetzt, der näher zum Volk Gottes hin steht. 1966 wurde der Altarraum in St. Georg (Horn) umgebaut, zwischen 1971-1974 wurde St. Hedwig (Neue Vahr) grundlegend umgestaltet. In St. Marien (Walle) fanden 1972 und 1973 Renovierungen und ein Umbau des Chores statt, 1982 wurden Turm und Kirchenfenster saniert und 2003 wurde die Kirche nach Plänen des Architekten Ulrich Recker umgestaltet. Die Neugestaltung des Altarraumes spielte auch eine große Rolle beim Umbau der St. Antonius-Kirche in Osterholz 1974/75 durch den Bremer Architekten Paul Döpkens. In St. Nikolaus (Gröpelingen) wurde der Chorraum 1979 umgebaut, in St. Godehard (Hemelingen) 1982 der Altarraum.

Der Altarraum ist der Ort, wo der Altar steht, wo das Wort Gottes am Ambo verkündet wird und wo der Priester und die anderen liturgischen Dienste ihre Aufgaben ausüben. Der Tabernakel als Ort der Aufbewahrung der Eucharistie kann im Altarraum, nicht jedoch auf dem Altar, oder in einem anderen Teil der Kirche seinen Platz haben. Die Zuordnung von Altar, Ambo und Vorstehersitz (und ggf. Tabernakel) zueinander und zur Gemeinde muss in jedem gottesdienstlichen Raum sorgfältig bedacht werden. Gestalterisch sollten Altar, Ambo und Vorstehersitz eine Einheit darstellen, z. B. durch räumliche Bezogenheit aufeinander oder durch einheitliches Material.

Der Altarraum soll sich durch eine gewisse Erhöhung oder besondere Gestaltung vom Kirchenschiff unterscheiden, aber nicht zu weit vom Raum der Gemeinde entfernt sein. Er ist von der Wand getrennt zu errichten, so dass man ihn leicht umschreiten und dem Volk zugewandt zelebrieren kann. Er ist so aufzustellen, „dass er wahrhaftig den Mittelpunkt bildet, dem sich die Aufmerksamkeit der ganzen Versammlung der Gläubigen von selbst zuwendet" (Missale Romanum Nr. 299). Besonders beim Neubau von Kirchen soll nur ein Altar errichtet werden, weil dieser eine Altar den einen Christus und die eine Eucharistie bezeichnet. Nach überliefertem kirchlichem Brauch soll die Tischplatte des Altars weiterhin aus einem Stück und aus

Naturstein sein. Mittlerweile darf mit Zustimmung der Bischofskonferenz jedoch auch anderes „würdiges, festes, haltbares und kunstvoll verarbeitetes Material" verwendet werden. So ist der Altar in St. Elisabeth beispielsweise aus Beton.

Der Aufwertung des Wortgottesdienstes durch das Konzil entsprechen neue Ambolösungen als „Tisch des Wortes Gottes" in Parallele zum Altar. Ambo bedeutet „erhöhter Ort" und stammt vom griechischen anabainein = hinaufsteigen ab. Der Ambo, von dem aus das Wort Gottes verkündigt wird, sollte so aufgestellt werden, dass die Priester und Lektoren von den Gläubigen gut gesehen und gehört werden können. Der hohe Rang, der dem Ambo nachkonziliar zukommt, entspricht der Würde des Wortes Gottes, in dem Christus selbst gegenwärtig ist.

Der Priestersitz sollte zum Ausdruck bringen, dass der Priester der Versammlung vorsteht und das Gebet leitet, darf aber nicht wie ein Thron aussehen. Er stellt einen wichtigen Orientierungspunkt in jedem Gottesdienstraum dar.

Die Plätze für die Gläubigen, in der Regel Sitze oder Bänke, sollen so angeordnet sein, dass die Gläubigen „mit Augen und Herzen an den heiligen Feiern ... teilnehmen können" und den Priester, den Diakon und die Lektoren gut sehen und hören können. Die Sitzplätze sollen so beschaffen sein, dass die Gläubigen leicht die den jeweiligen Teilen der Feier entsprechenden Körperhaltungen (sitzen, stehen, knien) einnehmen und ungehindert zum Empfang der heiligen Kommunion gehen können. Der Brauch, Privatpersonen bestimmte Plätze vorzubehalten, wird ausdrücklich missbilligt.

Auch weitere Funktionsorte in gottesdienstlichen Versammlungen, wie der Ort der Taufe, der Ort des Bußsakraments sowie Bilder und andere verehrungswürdige Gegenstände (Reliquien, Evangeliar, Lektionar, Apostelleuchter, Kreuzweg, Liturgische Gefäße, Paramente, die

Altar aus Sichtbeton in der St. Elisabeth-Kirche

Orgel, Glocken) spielen für die Architektur des nachkonziliaren Kirchenraums eine Rolle.

Die Umnutzung von Kirchen: Das Beispiel Herz Jesu

In der Geschichte der Kirche hat es aus unterschiedlichen Gründen immer Umnutzungen, Profanierungen und Abrisse von Kirchengebäuden gegeben, zum Beispiel aufgrund von Kriegen, bedingt durch die Aufhebung von Klöstern, vor allem aber in Folge der Säkularisation nach 1803. Aus Kirchen wurden so Bibliotheken, Versammlungs-, Ausstellungs- und Konzertsäle, Verwaltungseinrichtungen und Wohnungen. Im Bremen sollte die Propsteikirche St. Johann nach 1802 als Packhaus und in der napoleonischen Zeit als Gefängnis genutzt werden.

In jüngerer Zeit wird bei vielen Kirchenbauten die Frage ihrer zukünftigen Nutzung neu gestellt. Die Gründe dafür sind vielfältig: Sie reichen von der demografischen Entwicklung in Deutschland und dem rückläufigen Gottesdienstbesuch über den immer stärker werdenden Priestermangel und die häufig damit verbundene Fusion von Kirchengemeinden bis hin zum Mitgliederschwund der Kirchen. Auch werden die enormen finanziellen Lasten, die mit einer angemessenen Bewahrung des Bestandes an Kirchengebäuden verbunden sind, häufig zu einer großen Belastung für die Pfarreien und Bistümer.

Deshalb hat die Deutsche Bischofskonferenz 2003 Beurteilungskriterien und Entscheidungshilfen für die Umnutzung von Kirchen veröffentlicht. Sie sollen Orientierung geben für die Einzelfallentscheidung, die letztlich immer auf den konkreten Kirchenbau hin zu treffen ist. Kurz zusammengefasst raten die Bischöfe zu Folgendem:
Der Erhalt durch Umnutzung ist dem Verkauf oder dem Abriss vorzuziehen. Vorrangig ist die Suche nach einer weiteren liturgischen Nutzung durch die eigene Kirche oder andere christliche Kirchen. Denkbar ist eine Mischnutzung als Gottesdienstraum und öffentliche Einrichtung. Die Übernahme von Kirchenräumen durch die öffentliche Hand ist dem Verkauf an Private vorzuziehen, die Nutzung für kulturelle Aufgaben einer Nutzung für kommerzielle Zwecke. Die Übernahme gottesdienstlicher Motive und Gegenstände in eine kommerzielle Umnutzung verbietet sich. Die kultische Nutzung durch nichtchristliche Religionsgemeinschaften (z.B. Islam, Buddhismus) wird ausgeschlossen.

In Bremen wurden die 1960 eingeweihte St. Franziskus-Kirche in Grolland 1994 abgerissen, die St. Katharina-Kapelle in Borgfeld 1994 entwidmet sowie die St. Laurentius-Kirche in der Gartenstadt Vahr im März 1999 abgerissen und durch eine Kapelle im Caritas-Altenheim St. Laurentius ersetzt. Die St. Bonifatius-Kirche in Findorff wird seit einigen Jahren von der russisch-orthodoxen Gemeinde der Kaiserlichen Leidensulder mitgenutzt.

Die Herz Jesu Kirche in der Neustadt ist ein gutes Beispiel für eine gelungene Umnutzung. Die Kirche wurde 1936/37 nach Plänen von Dominikus Böhm aus Köln gebaut. Dominikus Böhm (1880-1955) gilt als einer der bedeutendsten Kirchenbauer des 20. Jahrhunderts. Er hat über 50 Kirchen auf- oder umgebaut, besonders viele im Rheinland und im Ruhrgebiet, aber auch im Emsland, auf Norderney und eben in Bremen, außerdem in den Niederlanden und Südamerika. Er gilt als einer der Wegbereiter des neuen Kirchbaus, der einige Forderungen der Liturgiereform bereits vorweggenommen hatte, insbesondere die nach einer tätigen Teilnahme der Gläubigen.

In Bremen war dieses Bauvorhaben durch ein großzügiges Vermächtnis von Carl Erling an die katholische Gemeinde, durch Zuschüsse vom Bistum Osnabrück und die Unterstützung des Bonifatiuswerks möglich geworden. Das Grundstück war bereits 1927 aus Spenden anlässlich des 25-jährigen Priesterjubiläums von Monsignore Friedrich Hardinghaus, 1931-1946 erster Dechant und Geistlicher an St. Johann in Bremen, erworben worden.

Die 1937 erbaute Herz-Jesu-Kirche, Blick auf den Altar

Dominikus Böhm plante den Kirchenbau als Teil einer Gesamtanlage, die mit Gemeindezentrum, Pfarrhaus und Innenhof an eine Klosteranlage erinnerte. Die Gebäude wirkten erdverbunden und fest und sollten so den Gläubigen ein Gefühl der Geborgenheit vermitteln. Böhm sah für die Herz-Jesu-Kirche ein massives, eher gedrungenes Eingangsportal vor, so dass das Innere dem Betrachter zunächst verborgen blieb. Hinter der Tür erwartete die Besucher jedoch der Blick auf das große, von Böhm selbst entworfene Buntglasfenster, das auch in der heutigen Herz-Jesu-Kapelle zu betrachten ist. Es verbindet Symbole von Herzen und Engeln. Direkt vor dieser Glasfläche, durch die das Licht hereinfiel, stand der massive Altar, auf den sich die Aufmerksamkeit konzentrieren sollte. Bewusst schränkte Böhm die Zahl weiterer Fenster ein, um dem Blick nicht vom Mittelpunkt abzulenken. Die Gläubigen saßen in einem Bereich der Kirche mit eher niedriger Decke, der Altarraum selbst öffnete sich nach oben in die Höhe. Die Kirche wurde am 12. September 1937 durch Bischof Dr. Wilhelm Berning, Osnabrück, eingeweiht.

Die Zahl der Gemeindemitglieder war bereits 1947 auf rund 2500 gestiegen und erreichte noch in den 1950er Jahren durch den Zuzug der Ostvertriebenen in den Huckelrieder Kasernen fast die Zahl 3000. Anfang der 1960er Jahre war die Gemeinde durch die Neubautätigkeit in Habenhausen und Obervieland (Kattenturm) auf rund 4500 Mitglieder gewachsen, so dass der Kirchenvorstand am 22. November 1962 eine Erweiterung der Kirche beschloss.

Der Plan zur Erweiterung stammt von dem Architekten W. Ganswindt aus Bremen, der die Kirche 1963/64 um fast zwei Drittel ihrer ursprünglichen Fläche vergrößerte. Eingeweiht wurde die umgebaute Kirche am 4. Juli 1965. Die zentrale Stellung des wuchtigen Altars und der dahinter sich erhebende Schmuck des Fensters war zwar erhalten geblieben, die Raumharmonie hatte sich jedoch entscheidend verändert. Der Kirchenraum wurde vergrößert, der Altar erneuert und weiter nach vorne zur Gemeinde hin platziert. Viele neue Fenster kamen hinzu, der Raum erhielt Nischen und wurde verwinkelter.

Schon am 13. Oktober 1959 war an der Kornstraße 383, in der Nähe der Herz-Jesu-Kirche, das Caritas-Altenheim

Oben: Am Beginn der Erweiterungsarbeiten 1963
Unten: Der erweiterte Innenraum, Blick zur Orgelempore

St. Michael eröffnet worden. Es wurde nach den Plänen des Architekten Wilhelm Viehoff, Cuxhaven, erbaut. Die Leitung des Hauses hatten zunächst Frauen des missionsbenediktinischen Säkularinstitutes St. Bonifatius aus Detmold. 1976 wurde das Gebäude durch den Bremer Architekten Veit Heckrott erweitert, 1982 kamen ein Tagespflegeheim und ein Dienstleistungszentrum hinzu. 2007 erfolgte auf dem Gelände zwischen dem Caritas-Altenzentrum St. Michael und der Herz-Jesu-Kirche der erste Spatenstich für einen Ersatzneubau.

Nach der Neustrukturierung der katholischen Pfarreien in Bremen 2007 war die Herz Jesu-Kirche für die neue Großpfarrei St. Franziskus mit den Kirchenstandorten St. Pius in Huchting, St. Hildegard in Obervieland/Kattenesch und St. Benedikt in Woltmershausen für eine ausschließliche Gemeindenutzung zu groß geworden. Um den Gottesdienststandort dennoch zu erhalten, wurde die Kirche in das Umbaukonzept für das Caritas-Altenpflegeheim integriert. Zwei Drittel der früheren Kirche bilden nun das Foyer des Altenzentrums. In diesem hohen Raum mit seinen warmen, erdigen Farben, der an sonnige Plätze im Süden Europas erinnert, sollen zukünftig auch Konzerte, Vorträge oder andere Veranstaltungen stattfinden. Das große Kirchenfenster von Dominikus Böhm wurde mit großem Aufwand gereinigt und restauriert und dient nun als Raumteiler zur neuen Haus- und Gemeindekapelle Herz Jesu.

Der Architekt dieses Umbaus, Ulrich Tilgner aus Bremen, betont die besondere Verbindung der Kapelle mit dem Stadtteil, die Charakter und Wesen des neuen Raumes beeinflusse. Der neue Altarbereich aus Kehlheimer Kalkstein greift die helle Farbgebung des Umbaus aus den 1960er Jahren auf und soll so Vertrautes aus den letzten Jahrzehnten bewahren. Gleichzeitig führen die Veränderungen zu den Ursprüngen dieses Ortes zurück. Der Kapellenraum ist kleiner als die ursprüngliche Kirche aus den 1930er Jahren. Er befindet sich ungefähr im Eingangsbereich des originalen Baus. Gemäß den liturgischen Neuerungen sitzt die Gemeinde heute von drei Seiten rund um den Altar. Der heutige Raum bewahrt etwas aus allen Phasen seiner Entwicklung und stellt dennoch zugleich einen Neubeginn dar.

Heute wird der hintere Teil der Kirche als Foyer des Altenzentrums genutzt, was auch an der Fassade ablesbar ist

Der neue Sakralraum im vorderen Teil der Kirche

Durch dieses Projekt rücken die caritative Arbeit und die Kirchengemeinde näher zusammen. Für die Kirchengemeinde und den Caritasverband ergeben sich neue Chancen der Zusammenarbeit. So haben zum Beispiel Gemeindemitglieder Patenschaften für Heimbewohner übernommen, Besprechungszimmer und Pfarrbüro werden gemeinsam genutzt, es gibt besondere Gottesdienste für Demenzkranke.

Bereits 1989 hatte der Europarat in einer Resolution festgestellt, dass nicht mehr genutzte Kirchengebäude nicht vernachlässigt werden dürften und gegen Zerstörung und unangemessene Umnutzung zu schützen seien. Sie sollten wegen ihrer architektonischen und historischen Bedeutung als kulturelles Erbe erhalten bleiben, um unserer Vergangenheit eine Zukunft zu sichern. Deshalb solle alles unternommen werden, um den Bestand dieser Gebäude durch eine einfühlsame Nutzung sicher zu stellen, die möglichst mit der ursprünglichen Bestimmung vereinbar ist. Das ist mit dem Umbau der Herz Jesu Kirche auf anschauliche Weise geglückt.

Literatur

Architektur der Gesellschaft (= Aus Politik und Zeitgeschichte/APuZ 25/2009), hrsg. von der Bundeszentrale für politische Bildung, Bonn 2009

Die Kirchen, die unbekannte kulturpolitische Macht, hrsg. von Olaf Zimmermann und Theo Geißler, Berlin 2007, darin besonders: Walter Zahner, Häuser Gottes und Häuser für die Menschen – Kirchenräume als besonders ausgewiesene Plätze der Begegnung, S. 62-65; Helge Adolphsen, Kultur der Ruinen? Herausforderungen im Umgang mit überzähligen Kirchengebäuden, S. 65-67

Europarat, Resolution 916 (1989) der 41. ordentlichen Sitzung

Handbuch des Bistums Osnabrück, bearbeitet von Hermann Stieglitz, hrsg. vom Bischöflichen Generalvikariat Osnabrück, Osnabrück 1991

Leitlinien für den Bau und die Ausgestaltung von gottesdienstlichen Räumen (= Die deutschen Bischöfe – Liturgiekommission Nr. 9), hrsg. vom Sekretariat der Deutschen Bischofskonferenz, Bonn 2000

Lexikon für Theologie und Kirche (LThK), Band 5, Art. Kirchenbau, Sp. 1480-1486, Freiburg 2006

Missale Romanum, Grundordnung des römischen Messbuchs, Vorabpublikation zum Deutschen Messbuch, 3. Auflage (= Arbeitshilfen Nr. 215), hrsg. vom Sekretariat der Deutschen Bischofskonferenz, Bonn 2007, bes. Kap. V. „Gestaltung und Ausstattung des Kirchenraumes für die Eucharistiefeier" (S. 126-140)

Missionarisch Kirche sein. Offene Kirchen – Brennende Kerzen – Deutende Worte (= Die deutschen Bischöfe Nr. 72), hrsg. vom Sekretariat der Deutschen Bischofskonferenz, Bonn 2003

Räume der Stille. Gedanken zur Bewahrung eines bedrohten Gutes in unseren Kirchen (= Die deutschen Bischöfe – Liturgiekommission Nr. 26), hrsg. vom Sekretariat der Deutschen Bischofskonferenz, Bonn 2003

Umnutzung von Kirchen. Beurteilungskriterien und Entscheidungshilfen (= Arbeitshilfen Nr. 175), hrsg. vom Sekretariat der Deutschen Bischofskonferenz, Bonn 2003

Karl Rahner, Herbert Vorgrimler, Kleines Konzilskompendium. Alle Konstitutionen, Dekrete und Erklärungen des Zweiten Vaticanums in der bischöflich beauftragten Übersetzung, Freiburg 1966

Manuskripte zur Geschichte der Herz Jesu-Kirche von Pfarrer Peter Göhlich und Regina Herkenhoff, Bremen (nicht veröffentlicht)

Umbau des evangelischen Gemeindezentrums Matthias Claudius

Axel Krause

Projektbericht

Umbau des evangelischen Gemeindezentrums Matthias Claudius, Wilhelm-Raabe-Str. 1, Bremen
Bauherr: Bremische Evangelische Kirche
Nutzer: Vereinigte Evangelische Gemeinde Bremen-Neustadt
Architekten: Schulze Pampus Architekten BDA

Das Gemeindezentrum Matthias Claudius wurde Ende der 1960er Jahre von dem Architekten Jan Noltenius errichtet. Es handelt sich dabei um eine L-förmige Anlage mit freistehendem Glockenturm. In einem Schenkel ist über die gesamte Gebäudehöhe ab Oberkante Gelände die Kirche untergebracht. Der andere Teil ist zweigeschossig unterteilt. Hier befinden sich die Gemeinderäume sowie eine Küsterwohnung. Die gesamte Anlage ist – mit Ausnahme des Glockenturms – unterkellert. Im Untergeschoss unter der Kirche ist ein Kindergarten untergebracht.

Ende 2008 haben sich die drei ehemals selbstständigen Kirchengemeinden Matthias Claudius, St. Pauli und Zion zur Vereinigten Evangelischen Gemeinde Bremen-Neustadt zusammengeschlossen. An allen drei, dicht beieinander liegenden Standorten bestehen Gemeindezentren mit Kirchenräumen, die jeweils nach 1945 entstanden und in der Ausstellung und im Katalogteil dieses Buchs dokumentiert sind.

Vor der Fusion haben die drei Gemeinden in einem längeren Prozess gemeinsam ein Konzept für ihre zukünftige

Der freistehende Glockenturm prägt das Erscheinungsbild des Matthias-Claudius-Gemeindezentrums in der Neustadt

Arbeit entwickelt. Bestandteil dieses Konzepts sind auch Überlegungen zur Nutzung der drei, zur Entstehungszeit jeweils sehr großzügig geplanten Gemeindezentren. Die Gemeinden haben sich dafür entschieden, an den drei Standorten neben der Weiterführung bisheriger Arbeit inhaltlich klare Schwerpunkte zu setzen:

Am Standort St. Pauli werden alle Aktivitäten einer evangelischen Gemeinde zu finden sein. Schwerpunkte sind die Arbeit mit alten Menschen sowie die Kirchenmusik. Der bestehende Kindergarten wird schon allein wegen seiner Größe und Bedeutung die Arbeit für und mit Familien festschreiben.

Am Standort Zion wird neben der sonstigen Gemeindearbeit besonders der sozial-diakonische Schwerpunkt mit dem Zentrum Jugend entwickelt.

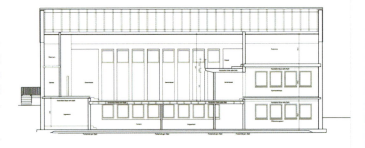

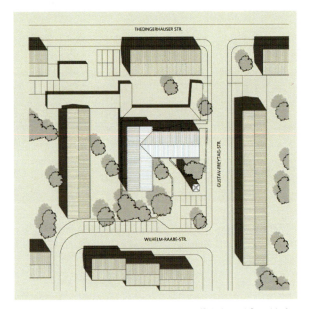

Diese und nächste Seite: Bestandszeichnungen (Schnitt und Grundriss) sowie Lageplan

Am Standort Matthias Claudius soll ein Mehrgenerationenhaus mit dem Schwerpunkt Kinderbetreuung entstehen. Das heißt, dass das Gemeindezentrum Matthias Claudius wie bisher für Gemeindearbeit und als Kindergarten genutzt wird, allerdings mit deutlich erweitertem Raumangebot für die Kinderbetreuung. Neben der ohnehin notwendigen umfassenden energetischen Sanierung sind dazu erhebliche Umbaumaßnahmen notwendig. Wegen der Bedeutung des Vorhabens hat die Bau- und Grundstücksabteilung der Bremischen Evangelischen Kirche, die das Projekt baufachlich betreut, in Zusammenarbeit mit der Architektenkammer einen Architekturwettbewerb mit folgender Zielstellung ausgelobt:

„Am Standort Matthias Claudius soll ein Mehrgenerationenhaus mit dem Schwerpunkt Kinderbetreuung entstehen. Im Einzelnen sollen Räume für insgesamt 4 Gruppen geschaffen werden:

- 2 Kindergartengruppen mit jeweils 20 Kindern (3-6 Jahre)
- 1 Gruppe für die Betreuung von Kindern unter 3 Jahren mit 8 Kindern (0-3 Jahre)
- 1 alterserweiterte Gruppe mit 15 Kindern (0-10 Jahre)

Diese Anzahl von Kindern bzw. Gruppen setzt sich zusammen aus einer Einrichtung, die bereits in Matthias Claudius besteht und aus Gruppen, die im Zuge der Gemeindefusion nach Matthias Claudius umziehen werden. Der in

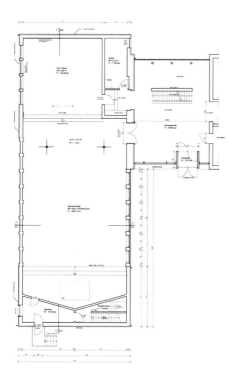

Matthias Claudius bestehende Kindergarten befindet sich im Untergeschoss des Gebäudes. Diese Räume sollen im Zuge des Umbaus in das Erdgeschoss bzw. in das 1. OG verlagert werden. Nebenräume und der Bewegungsraum können im Untergeschoss verbleiben.

Für die Gemeindearbeit werden im Wesentlichen ein Andachtsraum mit etwa 30 Plätzen sowie ein Büro und ein Besprechungsraum für den Pastor benötigt. Im Rahmen der Gemeindearbeit wird vor allem auch für alte, zum Teil demenzkranke Menschen die Möglichkeit für Gespräche und für gemeinsame Mittagessen angeboten. Dieses soll in dem Andachtsraum, vor allem aber auch in einem zentralen Foyer, das als „Offenes Cafe" genutzt werden kann, geschehen.

Foyer / Offenes Cafe und der Andachtsraum sollen so angeordnet und flexibel gestaltet sein, dass zu besonderen Anlässen (Weihnachtsfeiern u.ä.) die Räume zusammen genutzt werden können und insgesamt eine Platzkapazität für 80 bis 100 Menschen bieten. Das Foyer / Offenes Cafe ist zudem ständige Begegnungsstätte zwischen Jung und Alt.

Für den Umbau bzw. die Umnutzung steht das gesamte Gebäude einschließlich der Kirche und der derzeitigen Küsterwohnung zur Disposition. Der Kirchenraum wird in seiner derzeitigen Größe nicht mehr benötigt. Die entsprechenden Veranstaltungen der Gemeinde sollen zukünftig in kleinerem Rahmen in dem vorgenannten Andachtsraum stattfinden ...

Da es sich bei dem Projekt um eine weitgehende Umnutzung bzw. um den Umbau eines Kirchenraums handelt, haben sich Nutzer und Auslober gemeinsam dafür entschieden, für diese inhaltlich und gestalterisch anspruchsvolle Aufgabe einen Architekturwettbewerb auszuloben." (Auszug aus der Wettbewerbsauslobung)

An dem Wettbewerb haben fünf eingeladenen Büros teilgenommen, als erster Preisträger ist dabei das Büro Schulze Pampus Architekten BDA hervorgegangen. Dem Entwurf liegt die Idee zugrunde, durch Umbau und Umnutzung des Kirchenschiffs optimale Räume für die Kinderbetreuung zu schaffen. In einer, vor allem auch aus energetischen Gründen notwendigen Neugestaltung der Fassaden wird diesem Grundgedanken konsequent entsprochen:

„Das große Volumen des Kirchenraums wird genutzt, um die Räume für die vier Kindergruppen um einen großzügigen, lichtdurchfluteten, kombinierten Spiel- und Flurbereich anzuordnen. Für die Kinder soll eine ... Geborgenheit geschaffen werden, ohne dass sich diese von der Umgebung abschirmt, sondern vielmehr durch das Öffnen der Fassaden die Verbindung zu den Freibereichen herstellt.

In den Kirchenraum wird eine 2. Ebene eingezogen, die zur Südseite hin mit einer Galerie einen 2-geschossigen

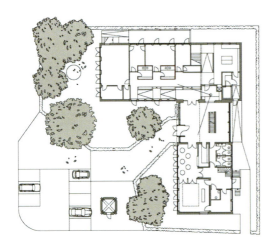

Links: Erdgeschossgrundriss Umbau
Unten: Obergeschossgrundriss Umbau
Oben: Schnitt durch den umgebauten ehemaligen Sakralraum

Luftraum einfasst. Die hohen Kirchenfenster erhalten eine neue Verglasung, wodurch ein optimaler Lichteinfall und ein Sichtbezug nach draußen gewährleistet wird. Die Giebelseite der Kirche erhält mit der durchgehenden Befensterung ein neues Gesicht und öffnet sich zum Garten …

Die Funktionen des Gemeindebereichs werden aus dem Kirchenraum in den nördlichen Flügel der Anlage verlegt. Dort befinden sich nun erdgeschossig das offene Cafe sowie der Andachtsraum, jeweils mit Außenbezug über bodentiefe Fenster …

Während das Volumen des Kirchenraums als Chance zu einem Neubeginn begriffen wird, bleibt das Foyer zwischen den beiden Häusern weitestgehend in seiner Funktion und Substanz erhalten." (Auszüge aus dem Erläuterungsbericht des Büros Schulze Pampus Architekten BDA)

Das Gebäudeensemble wird vollständig barrierefrei erschlossen. Zur Verbesserung des Wärmeschutzes wird die Außenfassade als hinterlüftete Klinkerfassade in einem warmen rötlichen Farbton ausgebildet. Mit diesem Fassadenmaterial wird der wichtigen Funktion und der hohen städtebaulich-architektonischen Qualität des bestehenden Gebäudeensembles entsprochen.

Lichtdurchfluteter Vorbereich des neugestalteten Kindergartens im ehemaligen Kirchenraum (Modellfoto)

Die Fertigstellung der Baumaßnahme ist für Ende 2010 vorgesehen.

Es handelt sich bei diesem Projekt um den bisher umfangreichsten Umbau eines nach 1945 entstandenen Gemeindezentrums und eines Sakralraums innerhalb der Bremischen Evangelischen Kirche. Selbstverständlich ist eine solche Lösung nicht einfach auf andere Gemeindezentren übertragbar. Es sei an dieser Stelle nochmals betont, dass ein Abriss oder Verkauf von Kirchengebäuden für die Bremische Evangelische Kirche derzeit nicht in Betracht kommt. Mit hohem finanziellem Aufwand stellt sich die BEK damit einer kulturellen Verantwortung auch für kommende Generationen: „Wir haben nicht das Recht so zu handeln, dass Fragen, die wir derzeit nicht lösen können, nachfolgende Generationen gar nicht mehr stellen können." (Bischof Wolfgang Huber).

Denkmalpflege und moderner Kirchenbau

Georg Skalecki

Seit der Gründung staatlicher Denkmalbehörden am Anfang des 19. Jahrhunderts stehen Kirchenbauten im Mittelpunkt deren Interesses. Der hohe Stellenwert, den Sakralbauten seit dem frühen Mittelalter innerhalb der abendländischen Kultur innehaben, spiegelt sich auch in dem Umgang mit ihnen wider. Oft sind hohe baukünstlerische und künstlerische Qualitäten vorhanden, meist liegt eine identitätsstiftende Bedeutung für den gesamten Ort vor, oder es ist einfach der Alterswert eines ehrwürdigen Gebäudes, der den Denkmalschutz fast selbstverständlich begründet. Viele dieser Gründe liegen allerdings bei modernen Kirchenbauten der Nachkriegszeit – bei flüchtiger Betrachtung – nur bedingt vor. Vielmals sind die Neubauten in Stadtrandlagen oder Neubausiedlungen dezentral entstanden und haben damit eine oft-mals weniger prägende oder bestimmende stadträumliche Bedeutung. Moderne Ar-chitekturformen und industrielle Materialien – besonders das Material Beton – lassen die Kirchenbauten oft kühl, nüchtern, unwirtlich und somit weniger „kunstvoll" erscheinen. Aufgrund der Kriegszerstörungen, des Zuzugs Vertriebener, zunehmender Gläubigkeit nach der unmenschlichen nationalsozialistischen Zeit und nach dem grausamen Krieg kam es ab ungefähr 1950 zu einem Kirchenbauboom. In Deutschland entstand eine große Anzahl an Nachkriegskirchenbauten.

Zweifelsohne haben auch Kirchenbauten nicht automatisch Denkmalwert. Nicht jede Kirche kann oder sollte unter Denkmalschutz gestellt werden. Wichtig aber ist, dass vor der Entscheidung gegen eine weitere Nutzung als Kultraum oder gegen den Erhalt einer Kirche, sachlich und objektiv die Qualitäten und die Bedeutungen geprüft werden. Die bundesweit geführte Diskussion um Schließungen von Kirchen zwingt die Denkmalpflege dazu, tätig zu werden. Der Rückgang der Zahl der Gläubigen und der Ausfall von Kirchensteuereinnahmen veranlassen die Kirchenleitungen, immer häufiger einschneidende Maßnahmen zu ergreifen. Gemeindezusammenlegungen und damit verbundene Kirchenschließungen sind die Folge. Für aufgegebene Kirchen stehen dann Umnutzung oder gar Abbruch als mögliche Szenarien an. Dabei sind moderne Kirchen stärker gefährdet, da ihre Akzeptanz oft noch nicht hinreichend ausgebildet ist. Diese Kirchenräume werden meist weniger geschätzt, so dass sie eher zur Disposition gestellt werden. Deshalb muss auch die Denkmalpflege rasch Position beziehen, Bedeutungsinhalte benennen und Schutz für die wichtigsten und bedeutendsten Bauten begründen. Wir brauchen einerseits objektive Bewertungsansätze, um Qualitäten zu erkennen, und wir müssen andererseits gerade vor dem Hintergrund moderner Materialverwendung neue restauratorische Positionen für die Pflege und den Umgang mit dieser modernen Architektur entwickeln. Zu beiden Themenkomplexen sollen hier kurze Anmerkungen gemacht werden.

Der Kirchenbau der Nachkriegszeit ist zwar in Deutschland den oben schon angedeuteten speziellen Bedingungen unterworfen, spiegelt darüber hinaus aber auch Wandlungen internationaler und allgemeiner liturgischer und theologischer Grundsätze wider. Die sich seit Anfang des

20. Jahrhunderts allmählich verbreitende Auffassung, dass alle getauften Christen die Liturgie des Gottesdienstes mitbestimmen, führte zu Reformansätzen in der katholischen wie in der evangelischen Kirche. Die römisch-katholische Kirche, die bis dahin weniger als die evangelische die bewusste Beteiligung der Gläubigen an der Liturgie kannte, reformierte sich nach mehrjährigen Diskussionen schließlich im zweiten Vatikanischen Konzil (1962-1965). Die darauf folgenden Ausführungsbestimmungen des Apostolischen Stuhls von 1964 waren folgenreich für den katholischen Kirchenbau, da die Positionierung des Altars zur Gemein-de hin, damit alle Gläubigen den Handlungen folgen können, ausdrücklich als Ziel formuliert wurde. Schon knapp ein Jahrzehnt zuvor hatte die evangelische Kirche 1951 die Rummelsberger Grundsätze verabschiedet, in denen wegen der schon immer vorhandenen Bedeutung der Predigt und der Zentrierung der Gemeinde um den Pastor die Veränderungen nicht ganz so revolutionär waren. Wichtig waren aber dennoch die Festlegungen, nach denen die Kirchenräume den gottesdienstlichen Anforderungen zu folgen haben und nicht umgekehrt. Städtebauliche oder baukünstlerische Fragen wurden als nachrangig angesehen. So entstanden nach der Entdeckung der neuen konstruktiven und architektonischen Möglichkeiten der modernen Architektur für den Kirchenbau vielfältige und variationsreiche Umsetzungen, bei denen die liturgischen Handlungen und der Gebrauch des Wortes – jetzt in der Landessprache – zum Leitgedanken und zur Vorgabe für die architektonischen Lösungen wurden.

Schon vor der Blütezeit des Wirtschaftswunders, als die eben beschriebenen Reformansätze noch nicht gänzlich theoretisch durchdrungen und festgelegt waren, gab es unmittelbar nach dem Krieg erste Bauvorhaben, die aus der großen Not heraus eher vorläufig und extrem sparsam umgesetzt wurden. Provisorien – beispielsweise Holzbaracken – oder das Programm der Notkirchen von Otto

Eingangsfront der Andreas-Kirche in Gröpelingen

Bartning sind hier zu nennen. Nach der wirtschaftlichen Konstituierung entstanden zahlreiche ambitionierte und bedeutende Kirchenneubauten, einige mit außergewöhnlich symbolhafter Kraft, wie zum Beispiel die Kaiser-Wilhelm-Gedächtnis-Kirche in Berlin, die Egon Eiermann in die Ruine der zerstörten kaiserzeitlichen Kirche integrierte.

Die genannten Reformvorstellungen ließen sich mit den bautechnischen Möglichkeiten der neuen Materialien bestens umsetzen. Große Spannweiten dank Stahlbeton ließen Räume entstehen, in denen die Gemeinde ohne störende Stützen sich ungehindert um den Altar versammeln konnte. Unzählige neue Raumvarianten wurden entwickelt, wobei keine systematische oder zeitliche Entwicklung zu erkennen ist. Vielfalt war möglich geworden, wurde ausdrücklich gewünscht und deshalb auch bewusst umgesetzt. Gelegentlich treten assoziative Bilder auf, wie Zeltformen oder Schiffsmotive, aber auch hier ist weder konfessionell noch zeitlich eine Festlegung auszumachen.

St. Remberti-Kirche in Schwachhausen

Erkennbar als neue Phase ist ab Mitte der 1960er Jahre lediglich eine weitere Öffnung noch über die Gemeinde hinaus hin zur Welt. Die evangelische Akademie in Bad Boll leitete 1965 die Profanierung des Kirchenraums ein und lehnte Repräsentation ab. Danach entstanden einfachste Gemeindezentren, bei denen Kirchenraum und Gemeinderaum verschliffen wurden und profane Architekturmotive gleichermaßen Anwendung fanden.

Verkürzt zusammengefasst, lassen sich diese unterschiedlichen Tendenzen lediglich in den Phasen unterscheiden, in denen nach Kriegsende zunächst versucht wurde, zerstörte historische Kirchen notdürftig und oftmals reduziert mit modernen einfachsten Architekturmotiven wieder herzustellen; eine wirkliche Neubautätigkeit kann man erst Anfang der 1950er Jahre feststellen (das Notkirchenprogramm ausgenommen). Der Einschnitt

St. Lukas-Kirche in Grolland

des Krieges machte wegen der unwiederbringlichen Verluste an alten Bauten, aber auch aufgrund der enormen Veränderungen in der Struktur der Bevölkerung – neue Frömmigkeit, Verschiebung durch Flüchtlinge und Aussiedler – eine verstärkte Neubautätigkeit notwendig. Trotz intensiver Diskussionen auf Kirchenbautagen über neue Wege im Kirchenbau, begann man in beiden Konfessionen zunächst noch mit konventionellen und traditionellen Motiven sowohl im Grundriss als auch in den Architekturformen. Erst mit Beginn der 1960er Jahre wurden konsequent moderne Formen und Materialien eingesetzt: Der Siegeszug des Betons begann.

Auch an den in Bremen bisher unter Denkmalschutz gestellten Kirchen der Nachkriegszeit lassen sich genau diese Entwicklungslinien beobachten. St. Andreas (Gröpelingen) wurde ab 1948 von Otto Bartning erbaut und war damit der erste Kirchenneubau in Bremen nach dem Krieg, der allerdings noch zu dem erwähnten Notkirchenprogramm gehörte. Dann folgten die Erlöserkirche (Schwachhausen), 1950 von Hermann und Eberhard Gildemeister, St. Remberti (Schwachhausen), 1951 von Eberhard Gildemeister, St. Markus (Obervieland), 1955 von Fritz Brandt und St. Ansgarii (Schwachhausen), 1957 ebenfalls von Fritz Brandt, die allesamt der traditionellen Richtung angehören. Eine Zwischenlösung stellt die Zionskirche (Neustadt) 1956 von Carsten Schröck dar. Hier zeigen sich schon erste moderne Züge. Konsequent modern sind dann die Bauten St. Hedwig (Neue Vahr) 1963 von Theo Burlage, St. Lukas (Grolland) 1964 von Carsten Schröck und St. Magni (Burglesum) 1967 von Eberhard Gildemeister [Abb. 4]. Dies sind die zum gegenwärtigen Zeitpunkt in Bremen unter Denkmalschutz stehenden Kirchenbauten. Es handelt sich hier jedoch nur um ein Zwischenergebnis, denn die Inventarisationstätigkeit des Landesamtes für Denkmalpflege und die Unterschutzstellung werden weiter voranschreiten. Eine weitere Annäherung an die modernen Kirchenbauten der 1960er Jahre und bald auch der 1970er Jahre muss erfolgen. Denn abgeschlossene Epochen, die aus der Distanz von mindestens einer Generation (d.h. mindestens ca. 30 Jahre) beurteilt werden können, müssen von der Denkmalpflege auf ihre erhaltens- und schutzwürdigen Zeugnisse hin überprüft werden. Aktuelle Überprüfungen laufen dazu in Bremerhaven für die Petruskirche, 1967 von Carsten Schröck, sowie St. Nikolaus, 1958 von Jo Filke, und die Kirche in Surheide, 1966 von Karl Franzius. Auch für Bremen selbst wird es notwendigerweise noch zu weiteren Bewertungen der Denkmalwürdigkeit von Kirchenneubauten kommen.

In der Erkenntnis dieser hier nur knapp beschriebenen Tendenzen und der unglaublichen Vielfalt an Kirchenneubauten der Nachkriegszeit erscheint es schwierig, die bedeutenden und dann für eine denkmalpflegerische Unterschutzstellung ausreichend wichtigen Bauten herauszufiltern. Dabei muss einerseits die vergleichende Bewertung, die aus einem Gesamtüberblick heraus möglich wird, und andererseits die besondere Strahlkraft einzelner ganz

4. St. Magni (Burglesum)

historischen, städtebaulichen, architekturgeschichtlichen, künstlerischen und liturgiegeschichtlichen Bedeutung angeschnitten. Zuletzt sind für eine denkmalpflegerische Bewertung immer die Authentizität und der Überlieferungszustand entscheidend. Wie original und unverändert ein Bau letztlich überliefert ist, bleibt immer eines der wichtigsten Kriterien für eine Unterschutzstellung. Jeder spätere Eingriff, jede „Verunstaltung" mindert den Wert, erst recht bei jungen Objekten. Der Fragenkatalog, der an einen Kirchenbau zu stellen ist, könnte ungefähr folgendermaßen lauten:

Bei der Prüfung der historischen Bedeutung ist zu klären, ob besondere Umstände einen Einfluss auf die Ausformung des Kirchenbaus genommen haben, zum Beispiel, inwieweit ein eventueller Vorgängerbau im Neubau wieder zu erkennen ist, wer der eigentliche Initiator des Kirchenbaus war (die Gemeinde oder das Bistum) oder ob besondere historische Vorgaben, wie das Vorhandensein einer speziellen Grabstelle oder eines Gnadenbildes, Einfluss auf die architektonische Ausgestaltung genommen haben. Daneben sind besondere demographische Voraussetzungen, Zuzug spezieller Aussiedlergruppen beispielsweise, möglicherweise einflussreich auf die Gestaltung der Kirche.

Bei der Prüfung der städtebaulichen Bedeutung ist es relevant, wie sich der Kirchenbau zu seinem Umfeld verhält, ob er einen neuen Mittelpunkt bildet oder sich bewusst zurücknehmend integriert. Die Ausformung von Türmen als beigestellte Glockentürme oder in den Hauptbau integrierte Turmanlagen sind ebenfalls auf ihre städtebauliche Wirkung hin zu überprüfen. Gerade bei Gesamtplanungen neuer Siedlungen sind die Position und die Ausformung der Kirche im Zusammenhang mit der Siedlungsgestaltung zu würdigen.

Die architekturgeschichtliche Bedeutung fragt zunächst nach der eigentlichen Funktion, ob es sich um eine Pfarr-

unstrittiger und weit herausragender Objekte als Messlatte herangezogen werden. Die Arbeitsgruppe Inventarisation in der Vereinigung der Landesdenkmalpfleger hat eine Stichwortsammlung erstellt, mit der die Bedeutungskriterien zur Beurteilung von Nachkriegskirchenbauten umschrieben werden sollen. Darin sind die Fragen nach der

oder Filialkirche, eine Kloster- oder eine Wallfahrtskirche oder um Sonderformen, wie Friedhofskapelle oder Krankenhauskirche, handelt. Die grundrissmäßige Ausgestaltung als gerichtete Kirche oder Zentralbau ist auch im Zusammenhang mit der eigentlichen Funktion der Kirche zu sehen. Darüber hinaus ist bei der Untersuchung der architekturgeschichtlichen Bedeutung zu fragen, wie der Bau in seiner Zeit beurteilt wurde, ob er schon unter den Zeitgenossen in der Fachwelt diskutiert wurde und Anerkennung fand. Natürlich gelten auch immer wieder die Beeinflussungen als wichtiges Beurteilungskriterium, ob es sich um einen Nachfolgebau einer anderen Architekturidee handelt oder um einen Inkunabelbau, der wiederum selbst Nachfolger gefunden hat. Es ist zu hinterfragen, ob moderne Verwendung neuer konstruktiver Möglichkeiten oder besondere innovative Konstruktionsmodelle gewählt wurden. Das gleiche gilt bei den Materialien, ob hier richtungsweisende neue Anwendungen aufgetreten sind. Die Einordnung des Baus in das Oeuvre des Architekten sowie seine Stellung im nationalen und internationalen Kontext sind weitere wichtige Ansatzpunkte für eine Bewertung.

Die künstlerische Bedeutung fragt nach besonderen ästhetischen oder gestalterischen Qualitäten. Ist mit dem Kirchenbau etwas ungewöhnlich Symbolhaftes gelungen oder wurden spezielle ikonografische und theologische Konzepte umgesetzt? Raumproportionierung sowie die Anordnung der liturgischen Orte im Kirchenbau sind auf ihre gelungene Umsetzung hin zu bewerten. Auch hier sind erneut die Fragen der Konstruktion und des Materials im Zusammenhang mit künstlerischem Anspruch zu prüfen. Bei der Prüfung des Kunstwerts sind im Besonderen Ausstattungen zu berücksichtigen und es ist die Frage zu stellen, ob diese sich als Gesamtkunstwerk in den Architekturraum einbinden.

Die Auswirkungen liturgischer Bewegungen auf die Ausgestaltung des Kirchenraums sind ebenfalls zu prüfen. Führten zum Beispiel liturgische Gründe zu einer frühen besonderen Sonderform der Ausgestaltung, so steigert dies den Gesamtwert des Bauwerks.

Schließlich ist zu prüfen, ob die planerische Intention nicht nur umgesetzt, sondern auch authentisch und original erhalten ist. Jüngere Veränderungen schränken immer den Dokumentationswert ein, es sei denn, deren Beweggründe sind selbst schon wieder von besonderer historischer Dimension.

Mit diesem, von der Arbeitsgruppe Inventarisation zusammengestellten Stichwortkatalog sollte eine Prüfung der Bedeutung moderner Kirchenbauten begonnen werden. Wenn diese Bedeutung herausgearbeitet ist und eine denkmalrechtliche Unterschutzstellung begründet werden kann, setzt der konservatorische und restauratorische Umgang mit dem Bauwerk ein.

Exemplarisch für die Sanierungsproblematik moderner Materialien, wie sie an Nachkriegskirchenbauten zahlreich angewendet wurden, soll noch die Frage nach Grundsätzen der Betonsanierung angerissen werden.

Die Nachkriegsarchitektur allgemein, besonders aber der moderne Kirchenbau, setzte Beton als Gestaltungsmittel offensiv ein. Der schalungsraue Sichtbeton prägt viele Bauten, gibt ihnen ihre markante unverwechselbare Erscheinung. Dieses gewollte Bild, verbunden mit der Authentizität des Materials, gilt es zu erhalten. In den 1950er und 1960er Jahren war Beton der bevorzugte Werkstoff, mit dem gerade im Kirchenbau neue experimentelle Raumgestaltungen geschaffen wurden. Porenbildungen, unregelmäßige Strukturen der rauen Schalungsbretter sind wesentliche Gestaltungselemente, die nach denkmalpflegerischen Grundsätzen genauso zu erhalten sind, wie die Stein- oder Putzoberflächen klassischer älterer Bauwerke. Obwohl Beton früher als ein Baustoff mit großer Dauerhaftigkeit angesehen wurde, zeigt sich heute leider genau das Gegenteil. Weniger noch als andere Materialien ist Beton

St. Magni (Burglesum), Betonschaden

wirklich witterungsbeständig. Verheerende Schadensbilder zeigen sich schon nach wenigen Jahrzehnten, die heute zu einem großen Problem und zu großer Unsicherheit bei Betonsanierungen führen. Die Vereinigung der Landesdenkmalpfleger hat jüngst in einem Fachkolloquium und mit einer Fachpublikation versucht, auf das Problem des Umgangs mit Beton hinzuweisen und zu einer Sensibilisierung in dieser Frage zu kommen. Zahlreiche Betoninstandsetzungen sind in nichtdenkmalpflegerischen Zusammenhängen bereits durchgeführt worden und drohen zur Standardmethode zu werden. Dass die „Autobahnbrückensanierung" jedoch nicht Maßstab für eine Kircheninstandsetzung sein kann, dürfte einleuchten.

Die meisten Schäden an Beton entstehen durch Rissbildungen und abgesprengte Oberflächen. Beton wird mit eingearbeitetem Armierungsstahl verstärkt. Solche eingebetteten Stahlmatten haben oft unregelmäßige Abstände zur Oberfläche und zeigen damit in bestimmten Bereichen eine zu geringe Betonüberdeckung. Hinzu kommt, dass Beton durch einen chemischen Umwandlungsprozess, die so genannte Carbonatisierung, seine Schutzwirkung verliert und damit Feuchtigkeit an die Armierung durchlässt, die dann zu korrodieren beginnt. Großflächige Abplatzungen der Oberflächen sind die Folge. Als Standardlösungen werden bei Schäden mit zu geringer Überdeckung die Oberflächen zusätzlich weiter abgepickt, die korrodierten Baustähle behandelt und eine neue ganzflächige Spachtelung mit kunstharzmodifizierten Zementmörteln aufgetragen. Abschließend erhalten die Flächen eine vollsynthetische Beschichtung. Bei solchen Vorgehensweisen gehen alle ursprünglich intendierten Gestaltungsmittel an Materialität, Oberflächenstruktur und Farbigkeit verloren. Dass dies keine Methode der Betonsanierung nach denkmalpflegerischen Grundsätzen sein kann, muss deutlich gemacht werden. Stattdessen muss ein Umdenken dahingehend erfolgen, dass Beton wie andere Werkstoffe im Falle von Kulturdenkmälern restauratorisch zu behandeln ist. Dabei muss das oberste Ziel sein, originale Oberflächen zu bewahren und Schäden partiell fachgerecht zu reparieren, statt großflächige Totalbehandlungen vorzunehmen.

Die Sorgfalt beginnt damit, dass man Abplatzungen von Oberflächen sicherstellt für eine mögliche spätere Replatzierung. Die Behandlung der korrodierten Armierungen kann auf zwei Arten geschehen: entweder werden die Armierungen entrostet und gegen Korrosion behandelt oder sie werden gänzlich entfernt. In vielen Fällen hat sich gezeigt, dass der Beton der 1950er und 1960er Jahre übermäßig stark armiert ist und keine statischen Bedenken bestehen, auf diese problematischen Bewehrungsteile zu verzichten. Danach müssen die Untergründe mit Ergänzungsmörtel vorbehandelt und in mehreren Schichten die Fehlstellen neu aufgebaut werden. Können originale Oberflächenteile wieder verwendet werden, werden diese an der entsprechenden Stelle eingeklebt. Andernfalls baut man eine neue Oberfläche auf, die in Farbigkeit und Struktur exakt restauratorisch dem originalen Beton der Umgebung anzupassen ist. Diese Vorgehensweise ist grundsätzlich möglich, wie verschiedene gelungene Maßnahmen bereits bewiesen haben. Entscheidend ist, dass sich die Erkenntnis verbreitet, Betonoberflächen bei Kulturdenkmälern als Teil des Denkmalwertes zu behandeln und somit nach denkmalpflegerischen Grundsätzen restauratorisch zu reparieren. Nur so können wir die authentische Erscheinung der Nachkriegskirchen bewahren und damit den Denkmalwert der betroffenen Bauten erhalten.

Literatur

Willy Weyres, Otto Bartning (Hg.): Kirchen. Handbuch für den Kirchenbau. München 1959.

Schnell, Hugo: Der Kirchenbau im 20. Jahrhundert in Deutschland. Zürich, München 1973.

Kahle, Barbara: Deutsche Kirchenbaukunst des 20. Jahrhunderts. Darmstadt 1990.

Stock, Wolfgang Jean: Europäischer Kirchenbau 1950-2000. München, Berlin, London, New York 2002.

Rainer Bürgel, Andreas Nohr: Spuren hinterlassen. 25 Kirchbautage seit 1946. Hamburg 2005.

Wittmann-Englert, Kerstin: Zelt, Schiff und Wohnung, Kirchenbauten der Nachkriegsmoderne. Lindenberg im Allgäu 2006.

Vereinigung der Landesdenkmalpfleger in der Bundesrepublik Deutschland (Hg.): Denk-mal an Beton!: Material, Technologie, Denkmalpflege, Restaurierung. Petersberg 2008. = Berichte zu Forschung und Praxis der Denkmalpflege in Deutschland 16.

Vereinigung der Landesdenkmalpfleger in der Bundesrepublik Deutschland, Arbeitsgruppe Inventarisation: Kirchenbauten nach 1945 – Bewertung ihrer Denkmaleigenschaft, 2009. = Arbeitsblatt Nr. 29.

Skalecki, Georg (Hg.): Denkmalpflege in Bremen, Heft 6 (Kirchenbau in Bremen). Bremen 2009.

„Man muss seine eigene Haltung finden" – Ein Gespräch mit Karl-Heinz Bruns

Eberhard Syring

Karl-Heinz Bruns (Jahrgang 1930) ist von 1959 bis heute als selbstständiger Architekt in Bremen tätig. Er war in den sechziger Jahren in der Hansestadt sehr erfolgreich im katholischen Kirchenbau.

Herr Bruns, Sie haben in den 60er Jahren als junger Architekt von noch nicht einmal 40 Jahren fünf katholische Gotteshäuser, vier davon in Bremen, bauen dürfen. Wie kam es dazu?

Ich habe hier bis 1953 am Bremer Technikum studiert. Als Lehrer hatte uns Horst Zepernik am meisten gegeben. Es war der einzige, der von den modernen Entwicklungen in der Architektur zu erzählen wusste und auch von moderner Kunst und modernem Design eine Ahnung hatte. Als ich vor dem Abschluss stand, ließ der Architekt Friedrich Schumacher, der spätere Dombaumeister, wissen, die besten fünf Absolventen könnten sich bei ihm melden. So kam ich in sein Büro. Ich war zunächst in die Bauleitung für die evangelische Martin-Luther-Gemeinde in Findorff einbezogen, die er damals gerade baute.

Sie waren aber katholisch?

Ja, als Mitarbeiter spielt die Religionszugehörigkeit im Kirchenbau nicht die entscheidende Rolle. 1954 las ich dann eine Anzeige in einer Fachzeitschrift: Kölner Büro sucht Architekten. Ich bewarb mich und wurde genommen. Es war das Büro von Gerhard Derda, wo ich vier

Karl-Heinz Bruns (rechts) im Gespräch mit Emil Steffann (links)

Kirchbauten entwurflich bearbeitete mit einem Wettbewerbserfolg.

1956 wechselte ich in das Büro Lindner, die vorrangig Bauleitungen für Emil Steffann machten.

Dem bekannten katholische Kirchenbaumeister?

Ja. Steffann war ja ein ganz eigenwilliger Typ. Als Architekt Autodidakt, als Katholik Konvertit. Er hatte klare Visionen, wie Kirchenbau sein sollte und machte mit seinen Bauherren keine Kompromisse. Er orientierte sich an mittelalterlichen Kirchen, besonders der Romanik. Das Archaische und Wuchtige dieser Bauten – die Kirche als „feste Burg" – versuchte er in moderne Baugedanken umzusetzen.

Altarzone der Pfarrkirche St. Elisabeth in Opladen

Aber mit den praktischen Dingen des Bauens und Lebens stand er etwas auf Kriegsfuß. Deshalb wurde er bei der Bauausführung von anderen Büros unterstützt – auf diese Weise kam ich zu der Bauleitung bei der Pfarrkirche St. Elisabeth in Opladen.

Das ist ein wuchtiger Ziegelkubus mit Strebepfeilern und Pultdach. Nur ein einziges riesiges Portalfenster mit Rundbogenabschluss belichtet den Raum. Was ist für Sie die moderne Komponente bei diesem Bauwerk?

Der Bau ist für den katholischen Kirchenbau weit vor seiner Zeit. Ich meine damit vor allem den Zentralraumgedanken. Der Raum ist fast quadratisch. Der Altar wird an drei Seiten von der Gemeinde umringt. Zwar ist der heilige Bereich noch leicht angehoben und mit der Kommunionsschranke „eingerahmt", dem Überbleibsel des Lettners, der in mittelalterlichen Kirchen die Gemeinde von der Geistlichkeit trennte. Aber die Tendenz, der Wunsch kündigt sich an, die Gemeinde stärker einzubeziehen. Erst infolge des Zweiten Vatikanischen Konzils Mitte der 60er Jahre wurde das zur offiziellen katholischen Kirchenbaurichtlinie. Man begann, die Altäre von der Wand abzurücken.

Das Gleiche gilt für das Kloster Steinfeld in der Eifel und das Gemeindehaus St. Maria in den Benden in Düsseldorf, die ich ebenfalls für Emil Steffann betreute. Die gelegentlichen Fahrten mit ihm waren für mich sehr aufschlussreich und interessant.

Parallel dazu machte ich noch die Bauleitung für Professor Schwippert, Umbau der Kirche St. Maria Rosenkranz in Düsseldorf-Wersten.

Sie kamen dann Ende der 50er Jahre nach Bremen zurück und machten sich selbstständig. Wie ist es Ihnen gelungen, als ganz junger Architekt von knapp 30 in den Kreis der Bremer Kirchenbaumeister vorzurücken?

Der erste Auftrag kam aus dem Bereich des Speditionswesens, ein Wirtschaftszweig, für den ich bis heute architektonisch tätig bin. Natürlich hatte ich nach meiner Zusammenarbeit mit Emil Steffann große Lust bekommen, eigene Kirchen zu entwerfen, und damals gab es ja auch in Bremen etliche Neubauprojekte. Ich habe mich – mit der Bauleitung von St. Elisabeth als Referenz – beim katholischen Kirchenbauamt beworben und hatte das Glück, zum Wettbewerb für St. Hedwig in der Neuen Vahr eingeladen zu werden. Der Wettbewerb wurde von Burlage und Niebuer aus Osnabrück gewonnen; Theo Burlage war ja ein bekannter, seit den dreißiger Jahren erfolgreicher Kirchenbaumeister, und der Entwurf für St. Hedwig mit seinen geschwungenen Wänden ist schon außergewöhnlich – aber ich konnte bei diesem ersten Wettbewerb den zweiten Preis gewinnen, ein Achtungserfolg für einen jungen Architekten, vor allem war ich aber damit im Geschäft. Auch zum nächsten Wettbewerb, für St. Pius in Huchting, wurde ich eingeladen. Diesen Wettbewerb wollte ich

St. Pius-Kirche in Huchting, Blick auf den Altar

unbedingt gewinnen, ich habe Tag und Nacht geschuftet, an dem Entwurf herumgefeilt. Aber die Mühe hat sich gelohnt, ich bekam den ersten Preis und den Auftrag.

Wenn man den Entwurf für die Kirche mit Gemeindezentrum anschaut, fallen zwei Dinge auf, die an St. Elisabeth in Opladen erinnern, im Bremer Nachkriegskirchenbau neu waren und von der Jury auch besonders hervorgehoben wurden: zum einen der Hof bzw. Vorplatz, um den Kirche und Gemeinderäume gruppiert sind und zu dem sie sich öffnen – er sollte durch einen Campanile akzentuiert werden – zum anderen die Art der Belichtung des Kirchenraums durch eine dem Altar gegenüberliegende große Lichtöffnung analog dem Portalfenster bei Steffann. Ansonsten hat ihr Bau aber eine ganz andere Anmutung, wirkt eher wie ein leichtes Zelt statt wie eine feste Burg.

Als junger Architekt orientiert man sich an vielen Dingen. Und für solch' mystische Mittelalter-Anklänge muss man auch ein Typ wie Steffann sein, also, das muss auf einer bestimmten inneren Haltung, einer Philosophie aufbauen. Man sollte solche Momente als junger Architekt nicht einfach kopieren. Man muss seine eigene Haltung finden. Tatsächlich spielt der Vorplatz für mich eine entscheidende Rolle – auch bei meinen anderen Kirchen. Der Klönschnack unter den Gemeindemitgliedern nach der Messe ist doch mindestens genauso wichtig wie diese selbst und dauert meist sogar länger. Heute werden diese Plätze häufig mit Autos von Angestellten des Gemeindezentrums zugeparkt. Das stellt für mich einen recht unsensiblen Umgang mit dem Raum dar. Man könnte doch ruhig ein paar Meter gehen.

Aber es gibt noch ein anderes Moment, dass mir immer sehr wichtig war: Achten Sie auf die Nebenausgänge in meinen Kirchen. Der Gläubige soll auch die Möglichkeit haben, gewissermaßen anonym an der Messe teilzuhaben und zu verschwinden, ohne sich der sozialen Kontrolle ausgesetzt fühlen zu müssen. Das sind für mich wichtige Dinge im modernen Kirchenbau.

Ihr zweiter Bremer Bau war St. Benedikt in Woltmershausen. Lief da auch ein Wettbewerb?

Das war die einzige Kirche, die ich als Direktauftrag bekommen habe. Das war ein schwieriges enges Grundstück zwischen zwei Straßen. Es entstand eine Reihenhauskirche, damals stand sie noch frei, inzwischen ist rechts und links angebaut worden.

Für mich wirkt der Bau äußerlich etwas abweisend.

Ja, kritisieren Sie ruhig. Wichtig war mir bei diesem Bau wieder der Hof für das Gespräch nach der Messe, der hier zwischen Kirche und Gemeindehaus liegt, aber auch der diskrete Ausgang, für die, die es eilig haben.

Straßenansicht St. Benedikt-Kirche in Woltmershausen

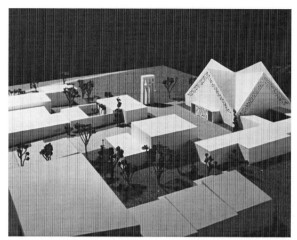

Entwurfsmodell St. Josef-Kirche in Oslebshausen

Wichtigste realisiert und weniger dringende Dinge auf einen späteren Bauabschnitt verschoben, der dann oft ganz anders ausfiel oder auf den ganz verzichtet wurde. Das ging häufig auf Kosten der architektonischen Qualität. Ich war da als Architekt vielleicht auch etwas zu nachgiebig, zu kompromissbereit. Bei einem Architekten wie Emil Steffann hätte es so etwas nicht gegeben, da hätte es geheißen: So oder gar nicht!

Anders als bei St. Elisabeth sind Ihre ersten beiden Bremer Kirchen nicht als Zentralräume, sondern als gerichtete Räume gekennzeichnet. Bei St. Pius wird die perspektivische Tiefenwirkung durch den leicht konischen Grundriss und durch das sich verjüngende Satteldach noch gesteigert.

Die Kirchenoberen im Bistum Osnabrück waren in solchen Fragen doch sehr konservativ eingestellt.

Immerhin ist Ihnen bei diesem Projekt auch gelungen, den Turm zu realisieren. Vielleich hätte man die Reihenhauskirche sonst zu leicht übersehen. Wie kommt es, dass bei den katholischen Kirchenprojekten so oft auf den geplanten Turm verzichtet wurde?

Das Bauprogramm war immer umfangreicher als das, was dann später entstand. Man hat zunächst immer das

Blick zur Orgelempore in der St. Josef-Kirche

Ihre beiden weiteren Bremer Kirchen sind aber durch ein entschiedenes Bekenntnis zum Zentralraum geprägt. Und das, obwohl die Entwürfe (im Gegensatz zur Fertigstellung) noch vor dem Zweiten Vatikanischen Konzil entstanden.

Ja, das war damals gerade im Fluss, lag gewissermaßen in der Luft. Dem Trend konnte man sich dann offenbar nicht mehr entziehen. Obwohl in beiden Fällen von dem Gesamtkonzept etliche Abstriche gemacht wurden – bei St. Josef hat man selbst eine ganz bescheidene Variante von Glockenturm, eine etwa acht Meter hohe „Stimmgabel" aus Betonbalken, nicht realisiert –, so konnten die Kirchen selbst ohne große Abstriche verwirklicht werden.

Beide könnte man als eine moderne Interpretation der Vierung verstehen. St. Ursula, Bremens größter katholischer Kirchenneubau besitzt einen großartigen stützenfreien Raum auf achteckigem Grundriss, das Dach hat innen die Anmutung eines großen Zeltes.

Bei St. Josef mit seinem quadratischen Grundriss ist das noch konsequenter. Es gibt Fachleute, die sagen, das sei eine der schönsten neuen Kirchen Bremens. Doch da will ich mich mit einem Urteil in eigener Sache besser zurückhalten. Durch den umlaufenden Kranz in Betonglas, der die auf- und absteigende Dachlinie nachzeichnet, wirkt das Dach innen noch leichter, gewissermaßen schwebend.

Wie war generell die Zusammenarbeit mit bildenden Künstlern?

Die Betonglas- und Bleiglasarbeiten bei meinen Bauten stammen alle von Günther Radloff aus München, mit ihm gab es eine fruchtbare Zusammenarbeit. Bei der Ausstattung von St. Josef und St. Ursula waren die Kunstwerkstätten Maria Laach beteiligt.

Wie sind Sie mit der Tatsache umgegangen, dass mit dem Ende des Kirchenbaubooms für Sie in Ihrer besten Schaffensphase ein solch interessantes architektonisches Aufgabenfeld wegbrach?

Es ist nicht ganz weggebrochen. Selbstverständlich kann man nicht immer auf neue Kirchbauten setzen. Vielmehr

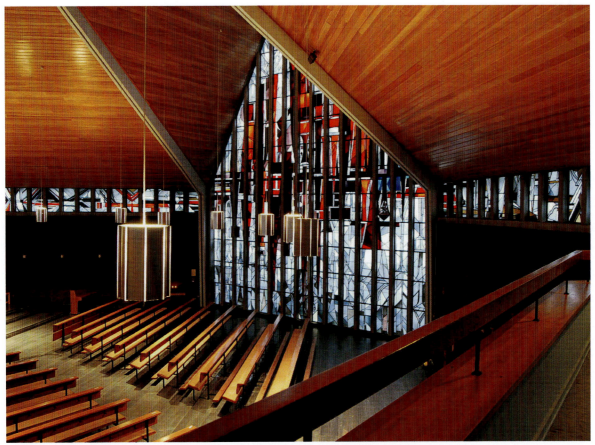

St. Ursula-Kirche, Schwachhausen, Blick von der Orgelempore auf die von Günther Radloff gestalteten Fenster

stellen der Rückbau und die Umnutzung von Kirchenräumen in den sich ständig wandelnden Gemeinden uns Architekten vor neue Aufgaben.

Dessen ungeachtet habe ich mich nie anderen Bauaufgaben verschlossen und sowohl Wirtschafts-, wie auch Privatbauten errichtet. Auch Wünsche nach Umbaumaßnahmen und Dachausbauten fanden bei mir stets ein offenes Ohr.

„Das war damals die Zeit des Umbruchs" – Ein Gespräch mit Hermann Brede

Eberhard Syring

Hermann Brede (Jahrgang 1923), von 1953 bis in die 90er Jahre selbstständiger Architekt in Bremen, war von 1972 bis 1984 Vorsitzender des Bundes Deutscher Architekten (BDA) – Landesverband Bremen. In den 60er Jahren gehörte er der lockeren Bürogemeinschaft Ahlers, Brede, Budde, Schröck mit Sitz am Breitenweg an. Diese vier Architekten haben in Bremen zusammen 14 Kirchen gebaut, Brede selbst zwei.

Herr Brede, Sie gehören einer Architektengeneration an, die gleich nach dem Krieg ihr Studium aufgenommen hat, in den 50er Jahren eigene Büros gründete und allmählich – auch im Kirchenbau – jene Architekten ablöste, deren architektonische Wurzeln in die 30er Jahre zurückreichten. In den 60er und frühen 70er Jahren sind Sie und Ihre Generationsgenossen vermehrt im Kirchenbau tätig gewesen. Wie war das damals, wie kam man zu solchen Aufträgen? Wurden Wettbewerbe ausgeschrieben oder wurden die Aufträgen frei vergeben?

Die Aufträge wurden auch frei vergeben. Die Bremische Evangelische Kirche hat es mit Baufragen meist ähnlich wie mit Glaubensfragen gehandhabt: Die Gemeinden hatten eine große Selbstbestimmungsfreiheit. So war das auch bei meinem ersten Kirchenbauauftrag für die Kirche in Werschenrege. Sie entstand auf Druck des damaligen Pastors der St. Martini-Gemeinde in Lesum. Ich stamme ja selbst aus Lesum, und so kam es, dass ich direkt angesprochen wurde.

Die Kirche Zum Heiligen Kreuz in Werschenrege ist ja das einzige Kirchenbauwerk der Bremischen Evangelischen Kirche, das nicht auf bremischen Gebiet liegt.

Das als richtig. 1939 wurde unter anderem der Ort Lesum nach Bremen eingemeindet, aber nur die politische, nicht die Kirchengemeinde. Die dörflichen Sprengel am nördlichen Stadtrand gehörten nach wie vor zu St. Martini, politisch aber zu Niedersachsen. Und für die sollte ein Stützpunkt geschaffen werden. Ein Grundstück dafür wurde in Werschenrege gekauft, auf dem zugleich auch ein kommunaler Friedhof angelegt werden sollte.

Wie ist hier der entwurfliche Prozess abgelaufen?

Es gab seitens der Gemeinde ein Raumprogramm, das es zu erfüllen galt. Aber was die architektonische Vorstellung anbelangt, da lagen der Pastor und ich nicht auf einer Wellenlänge. Der hatte ein klare Vorstellung von einer Kirche auf dem Dorfe: vorn der Turm und dahinter die Kirche nach dem Prinzip Lokomotive. Natürlich ist nicht mein erster Entwurf gleich gebaut worden. Es hat eine Entwicklung gegeben, einen Prozess der gegenseitigen Annäherung.

Sind beide Seiten mit dem Resultat zufrieden?

Ich finde, das Ergebnis zeigt, dass wir eine angemessene Lösung gefunden haben, die modern ist, ohne den Bezug zur Umgebung, in der sie steht, zu vernachlässigen. Und

Kirche zum Heiligen Kreuz in Ritterhude-Werschenrege

die Gemeinde hat sich auch sehr gut mit dem Bau identifizieren können. Ich bin dort heute noch ein gern gesehener Gast.

Das große Dach nimmt bewusst Bezug auf das niedersächsische Bauernhaus des Ständertyps, das damals noch das Landschaftsbild in dieser Gegend deutlich geprägt hat. Die Kirche selbst ist ein schlichter Raum mit Leimholzbindern, der durch seine verglaste Südseite viel Licht erhält. Ein Gemeindesaal liegt gleich dahinter und kann durch eine Faltwand zum Kirchenraum geöffnet werden. Der Glockenträger steht nicht vornweg, sondern ist in das große Dach eingerückt und gliedert den Baukörper.

Später wurde an der Westseite von mir ein zweiter Bauabschnitt mit Konfirmandenräumen etc. angefügt. Zum Schluss kam noch ein unansehnliches Typenhaus dazu: da hat man sich den Architekten gespart. Wichtig ist bei der Anlage aber auch das landschaftsgestalterische Konzept des Bremer Landschaftsarchitekten Weber: Friedhof und Gemeindebauten sind nicht von einander abgetrennt, das Gelände ist durchlässig, mit fließenden Übergängen.

Wenn Sie sagten, der Pfarrer hatte eher eine traditionelle Vorstellung von Kirche – hat er vielleicht den falschen Architekten gewählt? Bremen hatte ja mit Architekten wie Fritz Brandt, Eberhard Gildemeister und Friedrich Schumacher wichtige Vertreter einer eher konservativen Haltung im Kirchenbau.

Ja, das war damals die Zeit des Umbruchs. Bauten wie der „Findorffer Dom" von Schumacher oder St. Ansgarii von Brandt, da stand eine Haltung dahinter, die noch viel mit den 30er Jahren zu tun hatte. Wir jungen Architekten wollten etwas Anderes, Zeitgemäßeres.

Aber ich muss sagen, ich hatte großen Respekt vor dieser Generation der Traditonalisten. Natürlich: Säume/Hafemann und Schulte-Frohlinde, das war wie Feuer und Wasser. Doch ich habe selbst bei Schulte-Frohlinde gearbeitet, bis er nach Düsseldorf ging, und vorher in den Semesterferien bei Bothe und Rehberg. Ich habe bewundert, wie diese Architekten zusammengehalten haben. Auch Bernhard Wessel schätze ich sehr, er hat mich in den BDA reingezogen. Gut, die meisten hatten in den 30er Jahren gebaut, und ihnen lastete der Ruf an, irgendwie in die politischen Verhältnisse verwickelt gewesen zu sein. Aber in ihrer Berufsauffassung, in ihrer Sensibilität für Material, handwerkliche Verarbeitung und für städtebauliche und landschafträumliche Gegebenheiten konnte man gut von ihnen lernen. Nur architektonisch hatten wir Jungen eben andere Vorstellungen.

Wenn man sich die späten Sakralbauten von Friedrich Schumacher anschaut, beispielsweise die St. Johannes-Kirche in Huchting, dann ist auch dort eine Entwicklung zu einer modernen Formensprache festzustellen.

Ja, man könnte sagen: So wie wir von den älteren Kollegen profitiert haben, so haben diese schließlich auch Ideen der jüngeren aufgenommen.

Wo Sie den Zusammenhalt der älteren Architektengeneration erwähnen: Sie selbst waren mit jüngeren Kollegen ebenfalls in einem informellen Zusammenschluss, später sogar in der lockeren Bürogemeinschaft Ahlers, Brede, Budde, Schröck mit Sitz am Breitenweg. Unter diesen vier Namen subsummieren mehr als ein Dutzend Kirchenbauten in Bremen.

Ja, wir haben zusammen viel unternommen, haben uns gemeinsam gute Architektur angeschaut und darüber diskutiert. Es war eine Art Fortbildungsgemeinschaft. In dem gemeinsamen Büro war jeder von uns selbstständig tätig, wir haben nur einige organisatorische Dinge gemeinsam betrieben. Was den Kirchenbau betrifft, war Schröck natürlich der Erfolgreichste, er hatte durch seine Herkunft aus der Stephani-Gemeinde Verbindungen zur Kirche.

Haben Sie sich in der Bürogemeinschaft auch gegenseitig Ihre Projekte vorgestellt und darüber diskutiert?

Eigenartigerweise nicht. Wir haben uns alles Mögliche gemeinsam angeschaut, aber die eigenen Projekte waren davon ausgenommen. Ich kann mir das heute auch nicht mehr richtig erklären, warum wir das nicht gemacht haben. Als wir uns zusammentaten, war bewusst, dass Voraussetzung die Eigenständigkeit sein sollte. Wir haben dann zwar gemeinsame Wettbewerbe gemacht, aber im Grunde waren wir als Architekten doch sehr unterschiedlich, jeder auf seine Art.

Mit dem Gemeindezentrum Ellener Brok haben Sie 1969 ein Bauwerk realisieren können, das in seiner konsequenten Sichtbetonbauweise unter den modernen Kirchen Bremens, wie ich finde, eine Sonderstellung einnimmt. Wie kam es zu diesem Projekt?

Entwurfsmodell Gemeindezentrum Ellener Brok

Auch Ellener Brok war ein Direktauftrag. Ich weiß nicht genau, wie das erfolgt ist. Pastor Küpper hatte klare moderne Vorstellungen: Der sakrale Ausdruck sollte möglichst niedrig gehalten werden: kein Turm, kein Kirchencharakter! Das war auch für mich neu. Die Gemeindearbeit auf verschiedenen Gebieten sollte im Mittelpunkt stehen. Wir sind gemeinsam nach Holland gefahren und haben uns ein Gemeindezentrum angeschaut, das den Vorstellungen des Pastors nahekam.

Wie fanden Sie dieses Vorbild?

Nicht uninteressant. Aber in Osterholz gab es Voraussetzungen, die besonders waren. Einmal ein handtuchartiges Grundstück mit nur geringer Anliegerbreite an der Straße, zum anderen stand in dem ganzen zukünftigen Wohngebiet fast noch nichts, woran man sich hätte orientieren können, der Wohnungsbau war noch im Gang. Mir genügte es nicht, irgendetwas hinzusetzen, was seinen Zweck erfüllt. Es sollte auch etwas von unserer Zeit in dem Bau zum Ausdruck kommen.

Ich habe mich dann für Sichtbeton entschieden, weil man damit sehr plastisch arbeiten kann und weil in dem Material, wenn man es richtig verarbeitet, eine unglaublich sinnliche Qualität steckt. Verarbeitet wurde so genannter Blähbeton – wegen der besseren Dämmung. Der Kirchenraum ist konisch geschnitten. Rechts und links schließen sich eine kleine Kapelle und ein Chor an, die übliche Orgel gibt es nicht. Die von Heinz Lilienthal künstlerisch gestaltete Altarwand stellt für mich eine selten glückliche Verbindung zwischen Architektur und Kunst dar. Lilienthal hat sich von einem Stück Muschelkalk mit seinen Hohlräumen inspirieren lassen und hat das vergrößert in eine Schalungsform übertragen, so dass Architektur und Kunst wortwörtlich „aus einem Guss" sind. Hier muss man auch die Baufirma Meyer und Killguss lobend erwähnen. Die

Fassadendetail, Außenansicht der Altarwand

hat sich mit der ungewöhnlichen Aufgabe voll identifiziert und höchste Anstrengungen auf handwerkliche Perfektion verwandt.

Haben Sie auf Ihren Studienfahrten eigentlich auch mal das Kloster La Tourette von Le Corbusier besucht?

Nein, aber Sie haben recht, von Le Corbusiers damaligem Umgang mit Sichtbeton hat man sich natürlich inspirieren lassen. Die Art und Weise etwa, wie man die Richtung der sägerauhen Schalbretter variieren kann. Im Innenraum habe ich auch mit leichten Vor- und Rücksprüngen gespielt.

Auch die Bankstützen sind aus Beton.

Nur die Sitzflächen und Rückenlehnen sind aus Holz.

Und die Decke.

Die von Heinz Lilienthal künstlerisch gestaltete Altarwand aus Sichtbeton

Das hat vor allem akustische Gründe, durch die vorspringenden Holzkästen wird die Oberfläche ideal für eine gute Akustik vergrößert. Auch die Schiebewandelemente verbessern die Akustik, in erster Linie dienen sie natürlich der Erweiterung des Kirchenraums zum Foyer hin.

Am Ellener Brok schließt nicht, wie bei vielen modernen Gemeindezentren, der Gemeindesaal unmittelbar an den Kirchenraum (mit der Optionen einer möglichen Zusammenlegung) an. Lag das an dem schmalen Grundstück?

Auch am Konzept der Gemeinde. Man wollte einen konzentrieren Versammlungsraum mit Bühne für kulturelle Veranstaltungen. Und da bot es sich an, ihn im Souterrain direkt unter dem Kirchraum und Foyer unterzubringen.

Waren Pfarrer und Gemeinde mit dem baulichen Ergebnis voll zufrieden?

Die im Atelier vorbereiteten Schaltafeln werden montiert

Das kann man so sagen, Pastor Küpper und die Gemeinde haben sich voll mit dem Bau identifiziert. Später kamen dann andere Pastoren, die unterschiedlich reagierten. Damit muss man leben – dass es unterschiedliche ästhetische Vorlieben gibt. Man kann sich als Architekt darauf letztlich nicht einstellen, sondern muss nach bestem Wissen und Gewissen im Dialog mit dem Bauherren etwas entwickeln, zu dem man stehen kann, und nachfolgende Hausherren und Nutzer müssen das akzeptieren.

Die direkte Ablehnung einer Gemeinde haben Sie ja in St. Magnus beim Entwurf für die Kirche St. Magni erfahren. Diesmal ging der Sache ein Wettbewerb voraus.

Ja, und den hatte ich gewonnen. Ich hatte eine zeltartige Kirche mit freistehendem Turm in Form einer spitzen Pyramide vorgeschlagen. Die Pfarrhäuser und Gemeindebauten hatte ich in angrenzenden Flachbauten untergebracht, dafür sollte das alte Pfarrhaus abgebrochen werden. Genau das erwies sich dann als Problem. Pastor Berger machte sich für den zweitplatzierten Entwurf von Eberhard Gildemeister stark, und die Gemeinde entschied sich in einer Abstimmung gegen meinen Entwurf.

Gildemeister hat sich übrigens sehr korrekt verhalten und in einem persönlichen Brief sein Bedauern über mein Pech ausgedrückt. Und Gildemeisters Bau ist ja auch sehr qualitätvoll – für seine Verhältnisse sogar richtig modern mit vielen Sichtbetonelementen.

Oben: Der Kirchenraum mit der Holzkassettendecke

Unten: Wettbewerbsmodell der St. Magni-Kirche von Hermann Brede, 1. Preis

Rechte Seite: Turm der St. Magni-Kirche von Eberhard Gildemeister

Innenraum mit Fensterrosette über dem Altar, Martin-Luther-Kirche in Findorff

Der Umgebung verpflichtet – Ein Gespräch mit Claus Hübener

Eberhard Syring

Claus Hübener (Jahrgang 1929) war von 1960 bis 1983 Partner von Friedrich Schumacher und führte das Büro allein bis 1994 weiter. Von Schumacher und Hübener stammen sechs Kirchenneubauten in Bremen.

Herr Hübener, Sie sind 1960 mit 31 Jahren als Juniorpartner in das Büro des 25 Jahre älteren, in Bremen erfolgreichen Architekten Friedrich Schumacher eingestiegen. Von Schumacher, einem Vetter des berühmten, ebenfalls aus Bremen stammenden, späteren Hamburger Oberbaudirektors Fritz Schumacher (1869-1948), stammt unter anderem Bremens erste Nachkriegskirche, die nach einem Notkirchenprogramm von Otto Bartning entwickelte spätere Andreaskirche in Gröpelingen, die 1950 eingeweiht wurde. Friedrich Schumacher hatte in Stuttgart bei Paul Bonatz und Paul Schmitthenner studiert, war also von der berühmten „Stuttgarter Schule" geprägt, was seine Bauten der fünfziger Jahre durchaus demonstrieren. Musste man als Juniorpartner einen ähnlichen Stammbaum vorweisen?

Keineswegs. Wie bei vielen meiner Generation verlief die Ausbildung in den Wirren der Kriegs- und Nachkriegszeit etwas ungewöhnlich. Ich habe 1945 zuerst eine Tischlerlehre gemacht und bin anschließend auf die Bremer Kunstschule Am Wandrahm gegangen, um Innenarchitektur zu studieren. Danach konnte ich ein Jahr lang im Büro von Schumacher – es lag in der Lüder-von-Bentheim-Straße in Schwachhausen – praktische Erfahrungen sammeln. Ich habe dort bald gemerkt, dass mir noch einiges an technischem Wissen fehlt und entschloss mich, noch ein Studium zum Bauingenieur am Technikum in Bremen aufzunehmen.

Wie kamen Sie zunächst zu Schumacher?

Das kam auch daher, dass Schumacher damals gerade für meinen Vater baute. Mein Vater war Eigentümer des Schreibwarengeschäfts Dörrbecker und Plate. Auf dem kriegszerstörten Grundstück in der Sögestraße baute Schumacher das neue Geschäftshaus.

Nach meinem zweiten Studium habe ich zunächst einige Zeit in Frankfurt und in der Schweiz, in der Nähe von Zürich, gearbeitet und war dann ab 1957 anderthalb Jahre lang ein zweites Mal Mitarbeiter bei Schumacher. Aufgrund eines internen Konfliktes mit einem Kollegen bin ich 1959 ins Büro von Franz-Joseph Ulrich gewechselt, der zahlreiche Wohnungsbauprojekte betreute. Umso überraschender kam dann 1960 für mich Schumachers Angebot, Juniorpartner zu werden.

Wie muss man sich die Arbeitsatmosphäre und die Rollenverteilung in dem Büro vorstellen?

Im Büro war es etwas beengt. Ich teilte mit Schumacher einen Raum, was auch nicht gerade optimal war. Im Büro arbeiteten – je nach Auftragslage – nie mehr als sechs Mitarbeiter. Einige größere Projekte liefen schon, da konnte

Straßenansicht Hohentorskirche in der Neustadt

ich nichts mehr einbringen, so etwa die Martin-Luther-Kirche, der „Findorffer Dom", Bremens größter Nachkriegskirchenneubau, der im Oktober 1961 eingeweiht wurde. Von den Arbeitsschwerpunkten war es schon so, dass Schumacher sich mehr um den Entwurf kümmerte, die Bauausführung hat ihn persönlich nicht so interessiert, aber es gab dafür stets gute Mitarbeiter im Büro.

Die Kirchenneubauten – es sind immerhin fünf – sind sicherlich die architektonisch wichtigsten Wegmarken in der gemeinsamen Zeit von Schumacher und Hübener. Insgesamt ist hier eindeutig eine „modernere" Haltung zu erkennen, als bei Schumachers Bauten bis Mitte der fünfziger Jahre. Diese Bauwerke unterscheiden sich aber auch auf ähnliche Weise von den Kirchen der traditionalistischen Wegbegleiter von Schumacher wie Fritz Brandt oder Eberhard Gildemeister. Ist das dem Zeitgeist oder Ihrem Einfluss zuzuschreiben?

Die Stahlskelettkonstruktion der Pilippus-Kirche in Gröpelingen

Das hat schon viel mit dem Zeitgeist zu tun. Ein junger Architekt wie Carsten Schröck hat als erster in Bremen modernen Kirchenbau gezeigt. Ich schätzte ihn sehr, nicht so gefallen hat mir allerdings sein Volksbankgebäude an der Domsheide. Das stellt sich zu wenig auf seine Umgebung ein, finde ich noch heute – aber das nur nebenbei.

Unsere Kirchen bleiben, was das Material und die Pro-

Innenraum mit Blick zur Orgelempore der St. Petri-Domkapelle

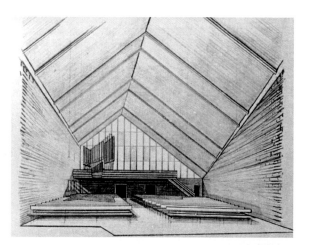

portionen betriff, ihrer Umgebung verpflichtet. Vor allem bei der Hohentorskirche lässt sich gut nachvollziehen, wie sich das Gebäude in seine Umgebung einfügt. Bei einer anderen Bauaufgabe, dem Parkhaus Langenstraße, haben wir eine lange Versuchsreihe gemacht, bis wir fanden, dass dieser moderne Bau seiner historisch wertvollen Umgebung standhält.

Ziegelmauerwerk ist wiederum ein in Norddeutschland tradiertes Baumaterial, mit dem man auch gut einen modernen Charakter zum Ausdruck bringen kann. Aber um eine bestimmte Raumwirkung zu erzielen, zum Beispiel einen großen stützenfreien Raum, wie bei der Philippus-Kirche, darf man auch nicht vor modernen Konstruktionen und Baustoffen Halt machen. Dort beruht das konstruktive Gerüst auf einer Stahlkonstruktion. Oder nehmen wir die Domkapelle: solche hohen schlanken Holzstützen lassen sich nur in moderner Holzleimbauweise herstellen. So ergibt sich ein modernes Erscheinungsbild fast von selbst aus dem Bestreben, eine bestimmte Raumwirkung zu erzielen.

Oben: Handzeichnung der Architekten, Innenraum Phillipuskirche, Blick zur Orgelempore

Unten: Blick von der Orgelempore zum Altar, Philippuskirche

Das Architekturbüro bei einem Betriebsausflug 1974, links Friedrich Schumacher, rechts Claus Hübener

Bei der Philippus-Kirche gibt es eine konische Verjüngung im Grundriss und eine dramatisch ansteigende Seitenwand. Das erzeugt, wie ich finde, sogar eine expressive, dynamische Raumwirkung. War das so beabsichtigt?

Zum Teil vielleicht, zum anderen Teil beruht es auf Überlegungen, wie man den Anspruch der Bauherren mit der Wirklichkeit in Einklang bringen kann. Wir fanden nämlich, dass die Kirche etwas zu groß angelegt war mit ca. vierhundert Sitzplätzen. Wenn die Bankreihen nach vorn hin schmaler werden, sieht das dann bei schwachem Besucherzuspruch nicht ganz so deprimierend aus. Bei der Martin-Luther-Kirche, die ja noch vor meiner Zeit geplant wurde, hat man das Problem des zu großen Raums ja schon bald zu spüren bekommen.

Kirchen- und Gemeindebau muss für das Büro in den sechziger Jahren ein zentrales Beschäftigungsfeld gewesen sein. Schumacher wurde ja auch 1961 als Nachfolger von Walter Görig zum Dombaumeister ernannt. Es gab da gute Verbindungen, die auch zu Aufträgen führen konnten, vermute ich.

In dem Vertrag zum Posten des Dombaumeisters war übrigens auch mein Name angeführt. Aber das Renommee war vor allem mit Schumachers Namen verbunden. So ist auch die Domkapelle am Osterdeich wesentlich von ihm gemacht worden. Anders ist das bei der Hohentorskirche und bei Philippus – da war die Planung mehr meine Sache.

Neben dem Kirchenneubau standen auch noch Aufgaben bei Kirchensanierungen an, die alte Lesumer Martini-Kirche ist beispielsweise 1962-1963 von uns saniert worden. Das Gemeindezentrum hatte Schumacher vor meiner Zeit gebaut. Und das Gemeindezentrum neben der Kirche in Horn stammt ebenfalls von uns. Es entstand zwischen 1964 und 1967.

Es scheint ja manchmal auch so etwas wie inoffizielle Gemeindearchitekten gegeben zu haben. Dass das Büro den Auftrag für Philippus bekommen hat, könnte damit zu tun haben, dass Schumacher schon ganz früh die Notkirche und später das Gemeindezentrum für die Gröpelinger Gemeinde gebaut hat. Wie viele Aufträge sind eigentlich durch Direktvergaben entstanden?

In Gröpelingen war das sicher so, da gab es enge Kontakte zur Gemeinde. Und was die Auftragsgewinnung betrifft: Wir haben alle Aufträge direkt bekommen, ohne Wettbewerbsverfahren. Da spielte Schumachers Renommee eine Rolle, ich selbst hatte aber auch gute Kontakte zum damaligen Leiter des Kirchenbauamtes – wir waren der gleiche Jahrgang.

Wenn man Ihre gemeinsamen Kirchenbauprojekte anschaut und mit andern vergleicht, fällt auf, dass sie einerseits durchaus einen zeitgenössisch modernen Gesamteindruck vermitteln, aber dass es sich im Grundkonzept immer um „gerichtete Räume" handelt. Es gab doch auch eine Tendenz zum Zentralraum, wo die Gemeinde halbkreisförmig den Altar umringt – St. Lukas von Schröck zum Beispiel. Gab es auch bei Ihnen gelegentlich solche Bestrebungen?

Nein, die Gemeinden, für die wir arbeiteten, haben so etwas weniger geschätzt.

Kann es sein, dass die geistliche Einstellung der Gemeinden und die Wahl der Architekten in einem unmittelbaren Zusammenhang standen, dass also die eher konservativ eingestellten andere bevorzugten als beispielsweise die gesellschaftspolitisch engagierten?

Innenhof des St. Johannes-Gemeindezentrums in Huchting

Durchaus möglich. Aber es gab im Lauf der Entwicklung Tendenzen, die alle Gemeinden zugleich betrafen, so zum Beispiel weniger Teilnehmer am Gottesdienst. St. Johannes in Huchting, die letzte Kirche, die wir 1972 fertiggestellt haben, ist von ihren Dimensionen her eher bescheiden gehalten. Im Seitenschiff sind eine Andachts- und eine Taufkapelle so separiert, dass sie gut für sich funktionieren, im Bedarfsfall sich aber dem Kirchenraum zuordnen. Hier haben wir auch das Foyer zu einem kommunikativen Treffpunkt gestaltet, mit der Möglichkeit, über große Türen diesen Bereich mit dem Kirchenraum zusammenzuschließen. Das sind Maßnahmen, die im Kirchenbau um 1970 verbreitet waren.

Wie ist es Ihrem Büro nach dem Ende des Kirchenbaubooms ergangen?

Anfang der siebziger Jahre haben wir die Baukrise deutlich gespürt, nicht nur die Kirchenaufträge brachen weg. Da haben wir das Büro bewusst stark reduzieren und auch einige verdiente langjährige Mitarbeiter entlassen müssen. Friedrich Schumacher ist noch bis 1983 Teilhaber geblieben, hat sich zum Schluss aber vor allem um den Dom gekümmert. Die große Restaurierung lief zwischen 1972 und 1980. In den 80er Jahren bis 1994 haben wir dann vor allem kirchliche Bauten im Umland, Kindergärten und Geschäftshäuser in Bremen sowie das Dommuseum gebaut.

Handskizze Ulrich Tilgner: Innenraum der Gedenkstätte in Esterwegen

„Vom Raum positiv empfangen werden" – Ein Gespräch mit Ulrich Tilgner

Sunke Herlyn

Ulrich Tilgner (Jahrgang 1954) baute in den letzten zehn Jahren, trotz des Stillstands im Kirchenbau, mehrere Sakralbauten – die meisten davon innerhalb umfangreicherer Gemeinschaftseinrichtungen. Darunter befanden sich Andachtsräume im Altenheim St. Laurentius (Gartenstadt Vahr, 2000), im Klinikum Bremen Mitte (2004), im Caritas Zentrum (Schwachhausen, 2004) und im Birgittenkloster (Schnoor, 2002). Außerdem baute er 2009 die Herz Jesu Kirche in der Kornstraße zu einem Altenwohnheim mit Sakralraum um und schuf außerhalb Bremens den Raum der Stille in der Gedenkstätte des Konzentrationslagers Esterwegen (2007) sowie den Pavillon auf dem katholischen Kirchentag in Osnabrück (2008).

Herr Tilgner, bei den wenigen in Bremen noch errichteten Sakralbauten der letzten Jahre sind vor allem Sie zum Zuge gekommen. Haben Sie eine persönliche Präferenz für das sakrale Bauen?

Ich stamme aus einem kirchlich engagierten Elternhaus. Unsere Familie war schon in den 50er Jahren sehr aktiv in der katholischen Kirchengemeinde St. Johann; das war meine geistige Heimat. Nach der Gründung der Gemeinde St. Ursula in Schwachhausen bin ich dort in den 80er Jahren viele Jahre im Kirchenvorstand gewesen. Daraus ist bei mir ein Interesse an der christlichen Glaubenslehre erwachsen. Das alles hat mich natürlich sehr geprägt und wird wohl der Grund dafür sein, dass ich mich als Architekt für den Kirchenbau interessiere und einen inhaltlichen Zugang dazu habe.

Nun ist ja nicht gleich jeder christlich orientierte Architekt auch ein Kirchenbauarchitekt. Wie kam es zu dieser baukulturellen Schwerpunktsetzung und wie sind Ihre kirchlichen Bauherren auf Sie aufmerksam geworden?

Nach meiner Architekturausbildung schloss ich mich mit den Kollegen Stechow und Seifert zu einer jungen und dynamischen Arbeitsgemeinschaft zusammen. Auf der Suche nach Aufträgen kümmerte ich mich vor allem um den kirchlichen Bereich und erhielt so meinen ersten Auftrag 1986 mit einem Umbau des Gemeindehauses St. Peter und Paul in Bremen-Nord. Mir gelang es, einen überfälligen Bauantrag binnen kürzester Frist einzuholen und gewann so das Vertrauen der Bauherren; das war für mich der Durchbruch. Darauf folgten nach und nach weitere, meist kleinere Aufträge anderer Gemeinden – so im Bereich kirchlicher Jugendhäuser, Gemeindehäuser und der Schulsanierung.

Gab es im Vorfeld der einzelnen Bauaufgaben auch einen inhaltlichen Dialog mit den Auftraggebern über die Gestaltung von Sakralräumen? Ging es dabei zum Beispiel auch um liturgische oder spirituelle Bau- und Raumvorstellungen?

Bei den vorbereitenden Gesprächen mit den örtlichen Bauherren, aber vor allem auch mit dem Diözesanbaumeister in Osnabrück, gab es natürlich inhaltliche Auseinandersetzungen über architektonische Fragen. Ich traf aber mit mei-

„Der Gottesdienst soll mit der Gemeinde um den Altar gefeiert werden". St. Laurentius Kapelle, Vahr

nen Vorstellungen eigentlich immer auf offene Ohren. Eine einvernehmliche Verständigung ist mir bei solchen Gesprächen sehr wichtig. Da hilft mir oft der Zeichenstift, mit dem ich meine mündlichen Vorstellungen bildlich unterlege.

Zu meinen Gestaltungsprinzipien gehört zunächst, dass die Gemeindemitglieder vom Raum positiv und entspannt empfangen werden. Dazu bedarf es keiner lauten Paukenschläge. Zum anderen müssen sie unmittelbaren Zugang zum gottesdienstlichen Geschehen haben – zum Beispiel durch die Anordnung des Gestühls und des Altars.

Sie bevorzugen ja bei all Ihren Andachtsräumen eine zentrale Ausrichtung des Raumes.

Ja. Da halte ich es mit den Festlegungen des Zweiten Vatikanischen Konzils. Der Gottesdienst soll mit der Gemeinde um den Altar gefeiert werden; ein archaisches Symbol für ein konzentriertes Raumerlebnis. Und das ist nun mal mit einer mittigen Anordnung des Altars am besten zu realisieren.

Im Übrigen kommt es meiner Ansicht nach auf eine schlichte Gestaltung des Raumes an, der sich durch geeignete Lichtführung nach oben öffnen sollte. Spirituelle Handlungen brauchen den befreienden Blick nach oben. Da kann der Geist raus. Andererseits muss es aber auch introvertierte Nischen geben, in denen sich Kirchenbesucher auch mal verkriechen können.

Und wie steht es mit der kultischen Ausstattung ihrer Räume?

Ich komme von der Symbolik. Biblische Motive, das Kreuz, Buchseiten (als Verweis auf die Bibel) oder die Herausarbeitung spiritueller Vernetzungen, zum Beispiel zwischen Altar und Raum – wie mit einem Messingband im Birgittenkloster angedeutet –, sind mir sehr wichtig und unterstreichen die Sakralität des Raumes. Einen „Raum der Stille" wie im ehemaligen Konzentrationslager Esterwegen können Sie ohne Symbole nicht begreifbar machen. Auch die Farbgestaltung kann symbolisch aufgeladen sein. Denken Sie nur an die Rot-Töne des Birgittenklosters, die auf das menschliche Leben verweisen.

Natürlich gehört dazu eine enge Zusammenarbeit mit den Künstlern, die die Ausstattungsobjekte anfertigen. Hier bin ich aber immer relativ schnell zu einer inhaltlichen Übereinstimmung gekommen. Das ist wichtig, um die symbolhaften Vorstellungen der Künstler und des Architekten im Interesse eines einheitlichen Raumeindrucks eng aufeinander abzustimmen.

Ich arbeite gerne auch mal mit luziden Tricks wie beim Pavillon auf dem Katholikentag in Osnabrück. Da kam es mir auf eine warme, spirituelle Raumwirkung an, die ich dann mit farblich angestrahlten Netzen und Gazen erzeugt

Die Kapelle des St. Birgitten-Klosters im Schnoor-Viertel

habe. Ich glaube, bei solchen zeitlich begrenzten Bauten darf man auch zu theatralischen Mitteln greifen.

Würden Sie sich nach all diesen Erfahrungen heute als Kirchenbauarchitekt bezeichnen?

Noch nicht! Ich habe kürzlich die Gelegenheit zu einem Gespräch mit dem weit bekannten Kirchenbaumeister Gottfried Böhm gehabt. Seine tiefgründige Hinwendung zum Thema Sakralbau, seine langjährigen Erfahrungen auf diesem Gebiet und seine authentische Art haben mir doch sehr viel Respekt eingeflößt. Da wird man bescheiden und sieht noch seine eigenen Grenzen.

Bescheidenheit heißt aber nicht „wegducken". Wer sich im Sakralbau profilieren will, muss immer klare Visionen und Mut zur Durchsetzung haben. Das fängt schon bei der Suche nach einem geeigneten Bauplatz an. Die Lokalisierung zum Beispiel des Birgittenklosters an dieser Stelle und mit dieser eigenwilligen Figur musste in der Bauverwaltung erst beharrlich durchgesetzt werden.

Aber wenn Sie mich auf die Qualität meiner eigenen Sakralbauten ansprechen, kann ich bei mancher Selbstkritik doch für mich in Anspruch nehmen: Nach Fertigstellung jedes einzelnen Gebäudes finde ich doch mindestens eine Sache, ein Detail gut. So entwickelt man sich weiter.

Eine Frage zum Abschluss: Glauben Sie, dass der Sakralbau angesichts der gesellschaftlichen Entwicklung jetzt zu einem Abschluss gekommen ist oder wird er – gegebenenfalls in einem anderen Gewande – weiterleben?

Meiner Ansicht nach wird auch in Zukunft das Band der Kirche nicht abreißen. Bei der zunehmenden Spaltung der Gesellschaft in Arm und Reich bedarf es der bindenden Kraft der Kirche, um die Menschen zusammenzubringen oder zusammenzuhalten. Und dazu bedarf es auch geeigneter Räume. Dabei würde es mich nicht stören, wenn statt aufwändiger, gestalterisch geleckter Kirchenbauten eher kleinere oder mehrfach genutzte Funktionsräume errichtet werden; auch die kann man gut und sakralbaulich angemessen gestalten. Ich meine, mit meinen Andachtsräumen dazu schon einen Anfang gemacht zu haben.

Kirchen – mehr als eine Immobilie

Thomas Erne

Thesen

1. Nach evangelischem Verständnis ist nicht die Kirche heilig, sondern was in ihr geschieht.
2. Kirchen dienen pragmatisch und symbolisch der Kommunikation des Evangeliums.
3. Der Kirchenraum ist ein eigenständiges Medium der Kommunikation des Evangeliums.
4. Kirchenräume sind offene Foren der Begegnung in unterschiedlichen Graden religiöser Verbindlichkeit
5. Kirchen sind Vorratskammern, die nicht mehr oder noch nicht entdeckte Ausdrucksformen des Glaubens bewahren
6. Kirchen sind ein symbolischer Schatz der Kirche, den sie sich in Zukunft nur durch intelligenten Einsatz ihrer Mittel werden leisten können.
7. Für die Zukunft der Kirchengebäude ist nicht entscheidend, wo Kirche sein will, sondern wohin sie gehen will.
8. Wir haben nicht zu viele Kirchen – wir haben zu wenig Ideen.

I. SAKRALER UND SPIRITUELLER RAUM

1. Sakraler Raum

Kirchen an sich, unabhängig von ihrem religiösen Gebrauch, sind keine heiligen Räume. Die evangelische Auffassung vom Kirchenraum beginnt mit dieser Einsicht Martin Luthers. Luther, ein Gelegenheitsschriftsteller par

Schlosskirche in Torgau

excellence, hat sich auch zum Kirchenbau bei Gelegenheit geäußert. Konkreter Anlass war die Einweihung der Schlosskirche in Torgau: „Also soll dieses Haus geweiht sein, nicht um sein, sondern um unseren willen, dass wir selber durch Gottes Wort geheiligt werden und bleiben."[1] Luther hatte nichts gegen Kirchen. Die Schlosskirche, die er einweihte, ist ein qualitätsvoller und repräsentativer Raum im Torgauer Schloss. Aber seine Weihe erhält der Raum nicht durch eine bestimmte rituelle Handlung, sondern durch das Evangelium, dem er dient. Sakral ist also nicht die Substanz, das Gebäude, sondern die Funktion, die religiöse Kommunikation, das göttliche Wort, das Menschen heiligt.

Mit dieser Auffassung knüpft Luther an eine Traditionslinie an, die bis ins Alte Testament reicht. Dort finden sich zwei Konzepte, die Heiligkeit Gottes räumlich zu denken. Entweder wird sie im Tempel lokalisiert oder in der Synagoge. Der Tempel ist ein Präsenzraum, domus Dei, das Haus Gottes, in dem er wohnt und das er mit seiner Heiligkeit erfüllt wie mit einer Wolke. Die kann so dicht sein, dass die Priester den Tempel zu ihrem Dienst nicht mehr betreten können (vgl. 1. Kö 8, 11). Wie problematisch dieses Konzept im Blick auf den Gott Israels war, wusste allerdings auch schon Salomo, der Erbauer des Jerusalemer Tempels: „Wie soll Gott wirklich auf Erden wohnen, wenn der Himmel ihn nicht fassen kann?" (1 Kö 8, 27).

Die Synagoge dagegen ist ein Funktionsraum, domus ecclesiae, das Haus der Gemeinde, die sich dort versammelt, um Gottes Heiligkeit in der religiösen Kommunikation, der Lesung der Thora und ihrer Auslegung zu erfahren. Das geht auch außerhalb der Synagoge, etwa „auf dem Platz vor dem Wassertor" (Neh 8,1).

Dieser synagogalen Linie ist die evangelische Theologie in ihrem Verständnis des Kirchenraums bis heute mehrheitlich gefolgt. Luther gewinnt mit der Entscheidung gegen eine substantielle Sakralität des Raumes zweierlei:

Zum einen findet er Anschluss an das biblisch-neutestamentliche Zeugnis, das besagt, dass Gott keinen Wohnort in der Welt kennt außerhalb des Geistes der Gemeinde, deren Haupt Christus ist. Zum anderen erlaubt die Option für die Sakralität der religiösen Kommunikation eine pragmatische Perspektive auf die katholischen Kirchengebäude, die in der Folge der Reformation bis heute von evangelischen Gemeinden genutzt werden. Wenn in einer katholischen Kirche die Kommunikation des Evangeliums möglich ist, dann gibt es keinen Grund, sie nicht zu nutzen. Der Adaption vorhandener katholischer Kirchen stand prinzipiell nichts im Wege – allerdings nur zu bestimmten Zeiten. Da der Raum an sich nicht religiös ist, sondern nur die religiöse Kommunikation, die in ihm stattfindet, muss eine Kirche außerhalb der Gottesdienstzeiten auch nicht geöffnet werden. Bis heute kann man davon ausgehen, dass Kirchengebäude dann evangelisch sind, wenn sie wochentags geschlossen bleiben.

Architektonisch ist die Reformation zunächst ein Ereignis der Möblierung[2]. Die Sitzordnung, die Kanzel und die

Universitätskirche in Marburg, Liturgische Performance „Marburger Steine"

Stellung des Altars werden neu positioniert im Blick auf Gemeinde, die als Subjekt im Gottesdienst handelt. Entweder kommt die Kanzel zum Altar an der Chorseite oder der Altar vor die Kanzel an der Langseite. Damit beginnt ein Prozess der wechselseitigen Einschreibung von religiöser Kommunikation in das materielle Dispositiv des Kirchenraums und umgekehrt. Die religiöse Rede schafft einen Raum, der seinerseits Raum schafft für die religiöse Rede, die neuen Raum schafft – und so weiter.

Die wechselseitige Beziehung von „liturgischer und architektonischer Spannung im Raum" nimmt dann Otto Bartning programmatisch für ein spezifisch evangelisches Verständnis des Kirchenraums in Anspruch. „Bei liturgischer oder freier Redehandlung auf offenem Feld pflegt sich vor dem Redner oder Liturgen ein Inkreis zu bilden, der frei bleibt"[3]. Wenn dieser Inkreis den Grundriss einer Kirche bildet, wie in Bartnings Auferstehungskirche in Essen, dann kann man sagen: „Die Liturgie ist die Bauherrin"[4], und zwar eine Bauherrin, die durch den Raum, den sie baut, selber gebaut wird.

Martin Luther ist allerdings nicht ganz unschuldig an einem hartnäckigen Vorurteil, dass nämlich eine Theologie des evangelischen Kirchenbaus ein Selbstwiderspruch sei, weil Räume für die reformatorische Kirche nicht heilsnotwendig sind. Denn Luther empfiehlt in der Tat, da, wo keine religiöse Kommunikation mehr stattfindet, „sollte man dieselbe Kirche abbrechen, wie man alle anderen Häusern tut, wenn sie nimmer nütz sind"[5]. Kein Wunder, dass dann auch für Friedrich Schleiermacher die „Umgrenzung des Raumes nur eine äußere Bedingung, mithin Nebensache, nicht ein Teil des Kultus selbst ist"[6]. Nebensachen sind aber nicht nebensächlich. Das Kirchengebäude ist zwar nach evangelischer Lehre nicht konstitutiv für die Kirche. Nach CA VII sind das nur die verbale und die sakramentale Kommunikation des Evangeliums. Aber für eben diese religiöse Kommunikation ist das Kirchen-

Oben: Rundkirche in Essen von Otto Bartning

Unten: Innenraum der Rundkirche in Essen, Blick zum Altar

Innenraum der Französische Kirche in Potsdam

Französische Kirche in Potsdam, Blick zur Kanzel

gebäude ein wichtiges Strukturierungsangebot und zwar in pragmatischer und symbolischer Hinsicht. Die Kirche ist ein öffentliches Zeichen der Transzendenz. Sie trägt nicht nur zur Erkennbarkeit einer Stadt oder eines Dorfes bei, sondern auch zur öffentlichen Erkennbarkeit der religiösen Kommunikation. Der Kirchenturm und das Glockengeläut markieren verlässlich den Ort und Zeitpunkt des Gottesdienstes, während die Fassadengestaltung und die Form des Gebäudes im äußeren Erscheinungsbild den Bezug zur Transzendenz verkörpert, der im Inneren der Kirche die religiöse Kommunikation strukturiert. Im Innenraum der Kirche ist das Evangelium gut zu hören, würdigt die Sitzordnung das Priestertum aller Gläubigen, denn „Gott will alle Stände und Personen zugleich haben und sie alle versorgen als seine Gäste"[7] und der Altarraum lädt die Gemeinschaft der Heiligen zu einer kommunitären Feier des Abendmahls ein. Da die Kirche aber nicht nur pragmatisch der religiösen Kommunikation dient, sondern diese zugleich darstellt, leistet ein Kirchengebäude beides, Funktion und Darstellung, und zeigt, was in ihm geschieht. Auf diese Weise, indem eine Kirche zeigt, was in ihr geschieht, wird sie zum Symbol der Sakralität religiöser Kommunikation.

Auch die katholische Kirche hat sich in der Moderne vom Verständnis einer „anagogischen Sakralität" des Kirchenraums verabschiedet, der in seiner Schönheit die Seele in Richtung des Himmels „hochhebt"[8]. In der Konstitution über die heilige Liturgie „Sacrosanctum Concilium" des Zweiten Vatikanischen Konzils wird der Kirchenraum nur insofern als ein heiliger Ort verstanden, als dort die Gemeinde ein heiliges Geschehen vollzieht. Die Weihe der Kirche bewirkt folglich keine wesensmäßige Veränderung des Raumes, sondern nimmt den Ort in feierlichen Gebrauch für den Gottesdienst. Sakral sind kirchliche Räume daher nur, weil und insofern „sie aus Achtung vor dem heiligen Geschehen des Gottesdienstes diesem Gebrauch vorbehalten sind."[9] Man könnte von einer katholischen „Kommunionsakralität" sprechen, die dem evangelischen Verständnis einer „Sakralität der Kommunikation" erstaunlich nahe kommt.

2. Spirituelle Räume

Rechnet man den Kerzenverbrauch von St. Christophorus, eine der meist besuchten Autobahnkirchen bei Baden-Baden, auf die Besucherzahlen hoch, so sind es über eine Million Besucher, die in Deutschland jedes Jahr eine Autobahnkirche besuchen. Autobahnkirchen sind Schutzräume für moderne Nomaden, die dort eine Kerze anzünden, sich in das Gästebuch mit ihren Anliegen eintragen, für einem Moment der Ruhe verweilen und Schutz suchen, nicht vor Räubern und anderer Gefahr, sondern vor der extremen Beschleunigung ihrer Lebensverhältnisse – ohne auf dieses hohe Tempo vollständig verzichten zu können oder zu wollen.

Die Besucher einer Autobahnkirche wollen in der Regel keinen Pfarrer sehen oder sich in die Feier einer Gemeinde integrieren. Das entscheidende Motiv ihres Besuches ist der Kirchenraum selber. Denn dieser bietet ihnen einen Zugang zur Transzendenz, den sie als Einzelne mit dem eigenen Leib erspüren und erkunden können, unbesehen ihrer konfessionellen Bindung oder religiösen Präferenzen. Für dieses situative Bedürfnis nach Transzendenz diesseits der religiösen Kommunikation der Gemeinde sind Besucher von Autobahnkirchen typisch. Dabei ist es die Besonderheit der religiösen Architektur, die Poesie, Schönheit oder auch Fremdheit einer Kirche, die anziehend ist für moderne Nomaden, Flaneure, Distanzierte, letztendlich aber auch für viele kirchlich Engagierte.

Dieses neue spirituelle Bedürfnis nach einer Religiosität im Raum zeigt sich nicht nur in Autobahnkirchen, Krankenhaus- und Stadionkapellen. Auch die Zuwachszahlen der Kirchenraumpädagogik oder das Projekt „Offene Kirche", das die evangelischen Kirchen in Kurhessen-Waldeck flächendeckend für Besucher öffnen[10] möchte, sprechen für den Raum als eigenes Medium religiöser Erfahrung. Dabei vereint der postmoderne Hunger nach Spürbarkeit des Heiligen in Kirchenräumen ein protestantismuskritisches Moment, das leibliche Erleben, mit einem katholizismuskritischen Moment, der Betonung des unvertretbar Einzelnen.

Der Kirchenraum gewinnt in der ausdifferenzierten Religionspraxis der Moderne mit verschiedenen religiösen Milieus und Frömmigkeitsstilen an Attraktivität gegenüber anderen Formen der religiösen Kommunikation, weil er ein offenes Forum der Begegnung mit der Transzendenz bietet. Hier kann jeder in „unterschiedliche Graden religiöser Verbindlichkeit"[11] zur Kirche gehen, ohne an bestimmte Milieus gebunden zu sein, ja ohne bereits zur Kirche zu gehören. Im selben Kirchenraum findet das Kirchenmitglied in den regelmäßigen Gottesdiensten Halt und Orientierung im Kirchenjahr, während der konfessionslose Flaneur für einen Augenblick die zweckfreien „Räume der Stille"[12] genießt. Der religiös Anspruchsvolle kann in experimenteller Spielfreude seinen religiösen Horizont erweitern, während sich der Kasualchrist bei Taufen, Konfirmationen, Hochzeiten, Bestattungen in die familiäre Folge der Generationen einreiht.

Die Kirchengebäude in ihrer Formenvielfalt fungieren dabei für die verschiedenen Benutzer als diachrone Vorratskammern. Sie bieten in der Gleichzeitigkeit des global vernetzten Alltagsbewusstseins einen Moment der Ungleichzeitigkeit. In Kirchen materialisieren sich in räumlicher Konfiguration die religiösen Erfahrungen vergangener Epochen. Die Mystik des frühen Mittelalters wird in der Lichtekstase gotischer Chorfenster nachvollziehbar, die Erfahrung des Krieges und des Wiederaufbaus in den Kirchen der Nachkriegszeit. Die Betonsteine der Trinitatiskirche in Mannheim von Helmut Striffler von 1959 wurden aus dem gemahlenen Schutt der Stadt gegossen.

Es sind die nicht mehr oder noch nicht entdeckten Möglichkeiten, Transzendenz in Gemeinschaft oder als Einzelner zu erleben, die den eigentlichen Schatz der Kirchengebäude für die Religionspraxis einer ganzen Ge-

Trinitatiskirche in Mannheim von Helmut Striffler, 1959

II. HERAUSFORDERUNGEN - THEOLOGISCH, HISTORISCH, ARCHITEKTONISCH UND ÄSTHETISCH

1. Theologisch

Es entbehrt nicht einer gewissen Ironie, dass die postmoderne Sehnsucht nach Heiligkeit in Räumen in dem Augenblick aufbricht, da sich beide christlichen Kirchen einig sind, dass dem biblisch-neutestamentlichen Zeugnis kein substanziell heiliger Raum entspricht, sondern ein durch die religiöse Kommunikation der Gemeinde geheiligter Raum. Die individuelle Religionspraxis scheint das aber wenig zu kümmern. Die Menschen suchen in den Räumen der Kirche den Tempel, nicht die Synagoge, eine Atmosphäre der Heiligkeit, die sie wie eine Wolke spüren und erleben können.

Eine der theologischen Herausforderungen in dieser Situation besteht darin, zu zeigen, dass die Wahrnehmung auratischer Atmosphären in Kirchen nichts mit einer Resakralisierung des heiligen Raumes[15] zu tun hat, sondern es sich bei dieser Intuition um eine explorative Erweiterung protestantischer Leitkategorien handelt, also um ein Moment in der Kommunikation des Evangeliums.

Hier nur ein Hinweis: Die heilige Atmosphäre in Kirchenräumen, ein „unbestimmt in die Weite ergossenes Gefühl" und „Ausgleiten des Leibgefühls ins Unendliche"[16] ist vergleichbar dem prinzipiell unübertragbaren religiösen Gefühl, das nach Friedrich Schleiermacher den Einzelnen in religiöser Hinsicht bestimmt. Seinem Inhalt nach ist dieses Gefühl schlechthinniger Abhängigkeit die „unmittelbare Gegenwart des ganzen ungeteilten Daseins"[17]. Diese an sich unübertragbare Atmosphäre ist aber nur in und mit der Übertragung in konkrete Zeichen für den „da", der von ihr berührt wird. In bildlicher Sprache: Gott ist mehr als wir je von ihm sagen können, aber nur indem wir etwas von ihm sagen. In einer solchen kommunikati-

sellschaft darstellen, denn „die Leidenschaft, das Leben selbst braucht [solche] Rückgriffe und sammelt Kräfte aus Reichen, die vergangen sind, aus geschichtlichem Gedächtnis."[13] Mitunter sind Kirchen die einzigen Erinnerungsorte, in denen auch die politische Geschichte einer Stadt oder eines Dorfes greifbar wird. Insofern sind die Kirchengemeinden als Eigentümer der Kirchen Treuhänder von Räumen, deren Bedeutung über den Nutzen hinausgeht, die das Gebäude für die Kirchengemeinde erfüllt. An der Erhaltung von Kirchen ist deshalb die Allgemeinheit auch zu Recht beteiligt.

Blickt man in dieser Perspektive auf die Kirchen als ein unausgeschöpftes Reservoir religiöser und kultureller Artikulationsformen, dann kommt man zu der (provokanten) These: „Wir haben nicht zu viele Kirchen, wir haben zu wenig Ideen."[14]

ven Fassung ist die Atmosphäre in Kirchenräumen gleich ursprünglich mit ihrer Darstellung und Mitteilung. Die Artikulation, und sei es nur ein suchendes Stammeln, tut daher der Atmosphäre keinen Abbruch, sondern bringt sie überhaupt erst zur Geltung. Was folglich der Einzelne bei seinem gelegentlichen Zwischenstopp als heilige Atmosphäre im Kirchenraum wahrnimmt, ist eine Form der religiösen Kommunikation. Und es kann der Besuch eines Kirchenraumes ebenso eine Form der Kommunikation des Evangeliums sein, wie der Gottesdienst am Sonntag, unterschieden nur im Medium oder in der Art der Erbauung durch die Gemeinschaft, nicht aber prinzipiell.

2. Historisch

a. Zahlen

Es gibt ca. 27.000 evangelische Kirchen und Kapellen in Deutschland. Die EKD und ihre Gliedkirchen verfügen damit über ein dichtes flächendeckendes Netz an öffentlichen Zeichen der Transzendenz. Die Kosten der Bauerhaltung tragen im Wesentlichen 25 Millionen evangelische Christen. 12,3 Prozent des Gesamtbudgets der Gliedkirchen der EKD in Höhe von 9,95 Milliarden Euro werden für Erhaltung und Sanierung der kirchlichen Gebäude aufgewendet. Das sind 1,223 Milliarden Euro auf der Basis der Einnahmen von 2004. Doch die Herausforderung, die sich mit diesen Zahlen[18] verbindet, wird erst deutlich, wenn man die Demographie hinzunimmt. In Deutschland schrumpft die Bevölkerung und mit ihr schrumpft auch die evangelische Kirche. Verstärkt wird dieser Trend durch Kirchenaustritte, auch wenn diese rückläufig sind. Setzen sich diese Trends ungebrochen fort, so würde die evangelische Kirche im Jahr 2030 ein Drittel weniger Kirchenmitglieder und nur die Hälfte der heutigen Finanzkraft haben. Die Baulast der Gebäudeunterhaltung würden dann im Jahr 2030 zwei Drittel der heutigen Mitglieder mit der

Geschrumpfte Dornbuschkirche in Frankfurt/M.

Hälfte der Finanzkraft tragen müssen. Sie müssten folglich im Jahr 2030 die doppelte Summe aufbringen, um die gleiche Anzahl der Gebäude zu unterhalten. Hinzu kommt die ungleiche Verteilung der Baulast auf die einzelnen Gliedkirchen der EKD. So leben im Bereich der östlichen Landeskirchen nur 8 Prozent der Mitglieder, während sich hier 40 Prozent der Kirchenbauten befinden, die zudem überwiegend unter Denkmalschutz stehen. Angesichts dieses Mitgliederbestandes sind die Kirchen in den neuen Bundesländern „auf die Solidarität der Konfessionslosen angewiesen"[19]. Und schließlich sind die vorhandenen Kirchengebäude ungleich auf die verschiedenen Bauepochen verteilt. Die Euphorie des Wiederaufbaus führte etwa dazu, dass der Anteil der Nachkriegskirchen am Bestand überproportional hoch ist, während seit der Milleniumswende kaum mehr neue Kirchen gebaut werden.

b. „Intelligent Shrinking"

Das quantitative Problem des Bevölkerungsrückgangs erfordert von der evangelischen Kirche, wie von allen anderen Institutionen der Gesellschaft, eine kluge Anpassung ihrer Struktur an schrumpfenden Ressourcen.

Dieses „Intelligent Shrinking" stößt, sofern davon auch die Kirchengebäude betroffen sind, auf breiten innerkirchlichen wie öffentlichen Widerstand. Kirchen sind eben mehr als eine Immobilie. Ihr Verkehrswert ist eher bescheiden, ihr Symbolwert dagegen so bedeutend, dass der finanzielle Nutzen, wenn ein Kirchengebäude verkauft, als Restaurant genutzt oder abgerissen wird, in keinem Verhältnis zum Imageschaden für die Kirche steht. Die EKD reagiert auf diese Herausforderung, indem sie ihren Gliedkirchen empfiehlt, ihre symbolischen Zentren, die Kirchengebäude, vor Verkauf, Abriss oder Fremdnutzung zu schützen, stattdessen über widmungsgemäße Nutzungserweiterungen nachzudenken, die den Symbolwert der Kirche nicht antasten und den Verkauf von Gebäudebestand an der symbolischen Peripherie bei kirchlichen Wohnhäusern, Gemeindehäusern, Pfarrhäusern zu beginnen[20].

Intelligent ist dieses Schrumpfen aber nur, wenn es dem qualitativen Wachstum dient. Die Herausforderung besteht nicht nur darin, den Schatz der Kirchengebäude unter der Bedingung von schrumpfenden Haushaltsmitteln zu erhalten, sondern es muss auch neuer Spielraum geschaffen werden. Denn Kirchen müssen nicht nur erhalten, sondern auch neu gestaltet werden. Profilkirchen, wie die Kulturkirchen, Jugendkirchen, Citykirchen, reagieren konzeptionell auf die komplexen Bedingungen der Kommunikation des Evangeliums in einem urbanen Umfeld. Neue Kirchen an Urlaubsorten, Kapellen in Fußballstadien, Gemeindekirchen in neu entstehenden Wohngebieten sind Zeichen dafür, dass die Kirche intelligent schrumpft, um intelligent wachsen zu können.

c. Ziele

Erhaltung, Umgestaltung, Nutzungserweiterung und Neubau von Kirchen sind mit einer Vision eines zukunftsfähigen Protestantismus verbunden. Eine Kirche, die sich nicht innerlich renoviert, braucht auch keine Kirchen zu renovieren. Kirchengebäude markieren zwar in der Öffentlichkeit, wo Kirche zu finden ist. Für die Zukunft der Kirchengebäude, ihre künftige Zahl wie ihre zukunftsfähige Gestalt, ist aber entscheidend, wohin die Kirche gehen will. Nur im Zusammenhang mit dem Ziel, auf das die Kirche zugeht, ist die Frage nach dem künftigen Umgang mit den Kirchengebäuden zu lösen. Auf diese Herausforderung reagiert der Rat der EKD mit dem Impulspapier „Kirche der Freiheit"[21]. Dieser Titel formuliert ein erstrebenswertes Ziel, das nicht nur die Mitglieder der Kirche wollen[22], sondern auch die Öffentlichkeit der Kirche nicht abschlagen kann, ohne dass Konsens bestehen muss über die konkreten Vorschläge, wie dieses Ziel zu erreichen ist[23]. Aber die Perspektive erlaubt es, für die einzelnen Kirchengebäude ein tragfähiges Konzept für ihre Zukunft zu entwickeln.

3. Architektonisch

Baulich scheint die Herausforderung zu Beginn dieses Jahrtausends darin zu bestehen, dass es im Kirchenbau keine architektonischen Herausforderungen mehr gibt. Für Generationen von Architekten wird sich die Aufgabe selten oder nie stellen, dem protestantischen Geist einen repräsentativen und zeitgemäßen Ausdruck in einem Kirchengebäude zu verleihen. Eine der herausragenden Bauaufgaben in der Geschichte der Architektur droht so aus dem Anforderungsprofil des Architekten herauszufallen. Das zeigt sich auch in der Ausbildung. Es gibt in Deutschland keinen Architektur-Lehrstuhl, an dem Kirchenbau als Schwerpunkt gelehrt wird. Umso wichtiger sind die Neubauten[24] im deutschsprachigen Raum, ökumenische Gemeindezentren, Kirchen und Kapellen für besondere Gelegenheiten und an besonderen Orten. In diesen Gebäuden und an diesen Orten erfährt der Besucher, dass der christliche Glaube im 21. Jahrhundert

Ökumenisches Gemeindezentrum Maria-Magdalena, Freiburg-Rieselfeld

noch in der Lage ist, innovative Ideen freizusetzen und anspruchvolle religiöse Räume zu gestalten.

4. Ästhetisch

Herausforderungen für Architekten gibt es gleichwohl bei der Erhaltung, Umgestaltung und Nutzungserweiterung vorhandener Kirchen. Die ausdifferenzierte Religionspraxis

Blick von der Empore in der Innenraum des Ökumenisches Gemeindezentrum Maria-Magdalena, Freiburg-Rieselfeld

braucht Kirchenräume, die dem komplexen Anspruchsniveau in der Moderne gewachsen ist. Die größte Herausforderung besteht darin, Ausdrucksformen zu entwickeln, in denen sich Menschen aus unterschiedlichen Milieus und mit verschiedenen Frömmigkeitsstilen beheimatet fühlen.

Kirchengebäude können ein einigendes Band sein, das Menschen mit unterschiedlichen religiösen Bedürfnissen verbindet, ohne ihre unterschiedlichen Prägungen zu dementieren. Eine milieuspezifische Gestaltung von Kirchen[25] gewinnt zwar eine größere Trennschärfe und grö-

Kapelle Olympiastadion Berlin, Architekten gmp

ßere Bindungskraft, aber der Kirchenraum als Symbol der
Einheit und Universalität des Glaubens ginge verloren.

Anmerkungen

1 Martin Luther, Predigt zur Einweihung der Torgauer Schlosskirche 1544, WA 49, 592
2 Vgl. R. Wex, Ordnung und Unfriede. Raumprobleme des protestantischen Kirchenbaus im 17. und 18. Jahrhundert in Deutschland, Marburg 1984
3 Otto Bartning, Vom Raum der Kirche, 1958, 114
4 H. Schwebel, Art. Kirchenbau V, TRE Bd. 18 (1989), 514 mit Hinweis auf C. Gurlitt.
5 Martin Luther, Kirchenpostille 1522, WA 10/I, 1, 252.
6 Friedrich Schleiermacher, Kurze Darstellung des theologischen Studiums, hg. v. H. Scholz, 1830/1910, 111.
7 Martin Luther, Predigt zur Einweihung der Torgauer Schlosskirche 1544, WA 49, 592.
8 A. Stock, Gottes Häuser in der Stadt, in: A. Gerhards/M. Struck [Hg.], Umbruch – Aufbruch – Abbruch? Nutzen und Zukunft unserer Kirchengebäude, Regensburg 2008, 35-44, 39.
9 Josef Meyer zu Schlochtern, Interventionen. Autonome Gegenwartskunst in sakralen Räumen, Paderborn 2007, 64.
10 Aktion Offene Kirche Kurhessen Waldeck, www.ekkw.de/gemeinden/offenekirchen
11 U. Wagner-Rau, Mit den Kirchenräumen eine Tür zu den Menschen öffnen, PTh 95/2006, 399-402, 401.
12 S. Kraft, Räume der Stille, Marburg 2007
13 B. Strauß, Paare, Passanten, München 1984, 26.
14 11. These der Dortmunder Erklärung des 26. Ev. Kirchbautages 2008.
15 So in der Konsequenz M. Josuttis, Der Weg in das Leben, München 1991, 75ff.
16 G. Böhme, Anmutungen. Über das Atmosphärische, Stuttgart 1998, 97.
17 F. Schleiermacher, Glaubenslehre, CG §3 I,17.
18 Die Zahlen stammen aus: Evangelisch in Deutschland. Zahlen, Fakten, Entwicklungen hrsg. v. Kirchenamt der EKD, Hannover 2007.
19 R. Schieder, Dorfkirchen als Orte der Identifikation. Kirchenbaufördervereine in praktisch-theologischer Perspektive, PTh 95/2006, 440-453, 443.
20 Vgl. K. Pfleiderer, Nutzungsmöglichkeiten von Gottesdiensträumen, in: H. Herrmanns/L. Tavernier [Hg.], Das letzte Abendmahl. Umnutzung, Verkauf und Abriss von Kirchengebäuden in Deutschland, Weimar 2008, 125-130, 128.
21 Kirche der Freiheit. Impulspapiers des Rates der EKD, Hannover 2006.
22 „Ziele implizieren systematisch den Bezug auf diejenigen, die sich auf sie richten", D. Thomä, Selbstbestimmung und Desorientierung des Individuums in der Moderne, in: W. Stegmaier [Hg.], Orientierung, Frankfurt a. M. 2005, 289-308, 300. Das gilt besonders in einer Kirche der Freiheit, vgl. F. Schleiermacher, Kurze Darstellung, Darmstadt 1982, §1.
23 Vgl. J. Hermelink/G. Wegner [Hg.], Paradoxien kirchlicher Organisation. Niklas Luhmanns frühe Kirchensoziologie und die aktuelle Reform der evangelischen Kirche, Würzburg 2008.
24 Vgl. M. Nitschke, Gottes neue Räume, Salzburg 2005
25 Vgl. P.-A. Ahrens/G. Wegner, „Hier ist nicht Jude noch Grieche ..." Erkundungen der Affinität sozialer Milieus zu Kirche und Religion, Hannover 2008

Katalog

Katrin Höpker und Eberhard Syring

Evangelische Kirchen
Katholische Kirchen
Synagoge
Moschee
Friedhofskapellen
Interkonfessionelle Sakralräume
Serbisch-orthodoxe Kirche

01

Evangelische Andreaskirche
(zunächst Notkirche)

Architekt: Otto Bartning, Darmstadt mit Friedrich Schumacher, Bremen
Eingeweiht am 26. Februar 1950
Gröpelingen, Danziger Straße 20

Aufgrund der Kirchenraumnot durch die Kriegszerstörungen hatte der renommierte Kirchenbaumeister Otto Bartning ein Notkirchenprogramm entwickelt, das die Ressourcen-Knappheit der Nachkriegsjahre berücksichtigte. Das System basierte im Wesentlichen auf einem Tragwerk aus Holzbindern. Für die Wandausfachungen ließen sich auch Trümmerreste einsetzen. 43 dieser Kirchen wurden in den späten 40er Jahren in Deutschland gebaut, darunter Bremens erster Kirchenneubau der Aufbauzeit, die spätere Andreaskirche in Gröpelingen. In dem Werftenstadtteil waren die beiden historischen Kirchen 1944 zerstört worden. Gestiftet wurde der Bau vom Lutherischen Weltbund.

Der vom Bremer Architekten Friedrich Schumacher ausgeführte Bau zeigt ein einfaches Satteldachhaus. Die Wände sind in Ziegelmauerwerk gehalten. Die Hauptfront im Westen wird durch eine Rosette, einen seitlichen Anbau mit abgeschlepptem Dach und das auf der anderen Seite gelegene Hauptportal belebt. Der schlichte freistehende Glockenturm erreicht nicht die Firsthöhe der Kirche. Der Raum unter der Orgelempore lässt sich durch eine Faltwand vom Kirchenraum separieren. Das Gebäude steht unter Denkmalschutz.

Sitzplätze ca. 400
Gemeindehaus mit 300 Sitzplätzen im Gemeindesaal 1956 eröffnet

Abbildungen

- Eingangsfront von Westen
- Blick von der Orgelempore zum Altar

- Eingangsfront von Süden
- Blick zur Orgelempore
- Rundbogenmotive am Glockenturm

02

Methodistische Erlöserkirche

Architekten: Eberhard und Hermann Gildemeister, Bremen
Eingeweiht am 17. September 1950
Schwachhausen, Schwachhauser Heerstraße 179

Der Sakralraum ist ein schlichter Predigtsaal mit einfachen Stuhlreihen, einer mit Holz verkleideten Tonnendecke sowie einer Apsis an der Altarwand. Das roh belassene Sichtmauerwerk verleiht dem Raum einen archaischen Charakter. Architektonisch beeindruckt vor allem die von der Straße etwas zurückgesetzte Hauptfront, die an ein mächtiges romanisches Westwerk erinnert. Sie wirkt wie eine Versinnbildlichung des Leitgedankens der Methodisten, die Kirche „zu einem Bollwerk gegen die dämonischen Mächte des Hasses zu machen", so der Bischof der Methodistenkirche in Deutschland, Dr. Ernst Sommer, anlässlich der Einweihung.

Mächtige Eckrisalite aus geschlämmtem Ziegelmauerwerk flankieren eine etwa gleich breite, die ganze Gebäudehöhe ausfüllende Nische mit einer Fensterrosette im Zentrum. Ein hölzerner Sturz schließt die Nische ab und bildet die Basis für ein traufständiges Satteldach, das von einem Dachreiter bekrönt wird. Der Sturz wird durch zwei ungewöhnlich lange Balken aus Eichenholz gestützt. Entgegen der architektonischen Geste der Hauptfront als Einlass und Schutz gewährende Schwelle befindet sich der Eingang tatsächlich etwas versteckt an der linken Seite des Gebäudes. Das Gebäude steht unter Denkmalschutz.

Sitzplätze ca. 400
1969 weihte die Methodisten-Gemeinde nördlich an die Kirche anschließend ein Altenwohnheim ein (Architekt: Friedhelm Zeuner, Hamburg)

Abbildungen

- Die Straßenfront erinnert an ein Westwerk
- Die Tonnendecke bestimmt den Charakter des Raumes
- Altar-Apsis
- Eingangsdetail

03

Evangelische St. Remberti-Kirche

Architekt: Eberhard Gildemeister, Bremen
Eingeweiht am 25. Februar 1951
Schwachhause, Friedhofstraße 10

Die neue St. Remberti-Kirche war das erste von mehreren im Krieg zerstörten Bremer Gotteshäusern, das an einem anderen Ort neu entstand. Ein Wiederaufbau im Rembertiviertel schloss sich aufgrund langfristiger Verkehrsplanungen im Rahmen des „Tangentenvierecks" aus. Hier wurde Ende der 1960er Jahre der Rembertiring fertiggestellt.

Der Neubau im Riensbergviertel nimmt formal mit seinem tief heruntergezogenen Walmdach und dem Dachreiter Bezug auf den Vorgängerbau von 1736, aber auch auf die Typologie niedersächsischer Bauernhäuser. In der Mitte der Längsseiten verspringen die Wände nach innen. Dadurch erhöht sich die Trauflinie und ergibt Platz für je vier Fenster, die den Innenraum gut belichten. Die Decke des Raumes ist als längsgerichtete, mit Holz verkleidete Tonne ausgebildet. An den Stirnseiten befinden sich die Altarnische als verkleinerte Tonne sowie, gegenüberliegend, eine Orgelempore. Innen wie außen bestimmt rustizierendes Ziegelmauerwerk den Charakter des Bauwerks. Das Gebäude steht unter Denkmalschutz. Ein Gemeindehaus wurde 1959 eröffnet

Sitzplätze ca. 400
Kunst und Ausstattung
Altarkreuz: Ernst Barlach
Orgel: Kemper, Lübeck (ab 1994 Fischer und Krämer)

Abbildungen

- Vordach am Kirchenportal
- Blick zum Altarbereich

- Blick zur Orgelempore
- Tonnengaube
- Rundfenster

04

Katholische St. Marien-Kirche

Architekt: Georg Lippsmeier, Düsseldorf
Eingeweiht am 25. Mai 1954
Walle, St. Magnus Straße

Die alte neoromanische St. Marien-Kirche aus den 90er Jahren des 19. Jahrhunderts war durch mehrere Bombenangriffe bis auf den Turm vollständig zerstört worden. Der 1952 in einem Wettbewerb siegreiche Neubau-Entwurf sah vor, den Glockenturm am alten Ort zu errichten, allerdings als schlanken Campanile. Das Kirchengebäude sollte dagegen einige Meter nach Norden versetzt werden.

So entstand Platz für ein Pfarrhaus und für Gemeinderäume, die über einen Kreuzgang mit der Kirche verbunden wurden. Der von einem offenen Satteldach abgeschlossene Kirchenraum als Halbbasilika mit niedrigem Seitenschiff im Süden ist bewusst schlicht gehalten – in Anlehnung an die modernen Bauten des Neuen Bremer Westens. Optische Akzente setzen zwei große Glasfronten, eine an der Eingangsseite zum Steffensweg, eine an der Nordseite. Letztere belichtet den Altarbereich, in dem eine axial gesetzte Nische mit Marienbildnis einen Blickfang bildet.

Die Kirche wurde mehrfach umgebaut und saniert. 1972 und 1973 fand der Umgestaltung des Chores nach den Empfehlungen des Zweiten Vatikanischen Konzils statt, 1982 die Sanierung von Turm und Kirchenfenstern, und 2003 wurde die Kirche nach Plänen des Architekten Ulrich Recker modernisiert.

Sitzplätze 450
Kunst und Ausstattung
Glasarbeiten: Wolfgang Röhrich
Orgel: Fa. Alfred Führer, Wilhelmshaven

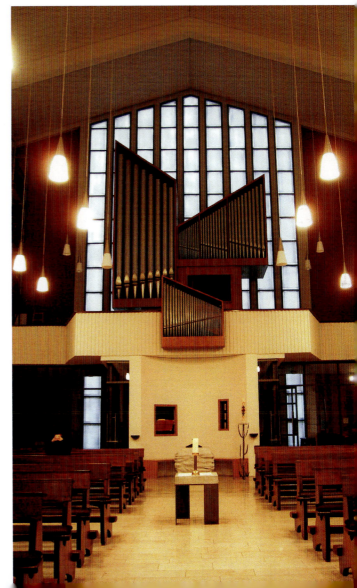

Abbildungen

- Fünfziger Jahre, die Kirche festlich geschmückt
- Altarfenster

- Blick zum Altar Tonnengaube
- Blick zur Orgelempore

05

Evangelisch-lutherische Paul-Gerhardt-Kirche

Architekt: Ernst Becker-Sassenhof, Bremen
Eingeweiht am 20. Februar 1955
Lichtblickstraße 7/9, Blumenthal-Rönnebeck

Der Neubau von Kirche und Gemeindezentrum entstand an einer kleineren Straße in einem Neubaugebiet mit einem hohen Anteil an Kriegsversehrten. Der zurück gesetzte Hauptbaukörper verläuft parallel zur Straße. Er wird von einem offenen Laubengang begleitet. Den Vorbereich dominiert ein frei stehender Glockenturm, dessen offene Stirnseiten drei Stockwerksebenen sichtbar werden lassen. Während der Glockenturm erst später gebaut wurde, erhielt die Kirche mit einem Dachreiter ein erstes nach außen wirkendes sakrales Zeichen.

Der gerichtete Sakralraum mit losem Gestühl wird durch die Betonbinder der offenen Satteldachkonstruktion strukturiert. Mittels einer großen Fensterwand an der südlichen Längsseite erhält der Raum eine freundliche Lichtstimmung. Der mittelaxial angeordnete, erhöhte Altarbereich mit rückwärtigem „Auferstehungsfenster" wird seitlich von der Taufkapelle und der Sakristei flankiert. Erstere öffnet sich als Arkade zum Hauptraum, während auf der Gegenseite eine gondelartige Kanzel einen Akzent setzt. Der Raum unter der Orgel- und Sängerempore lässt sich durch eine Faltwand vom Hauptraum abtrennen. 1982 wurde die Kirche modernisiert.

Sitzplätze ca. 300
Kunst und Ausstattung
Auferstehungsfenster: Will Torger
Orgel: Fa. Alfred Führer, Wilhelmshaven

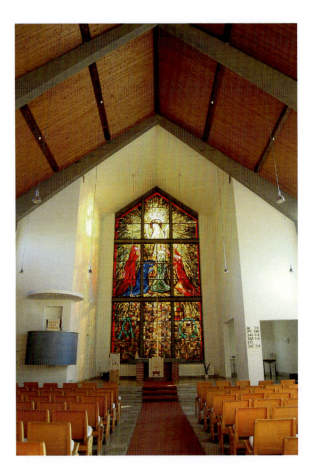

Abbildungen

- Blick zum Altar mit dem von Will Torger gestalteten Fenster
- Blick in den Kirchenraum mit der großen Fensterwand
- Spindeltreppe zur Orgelempore
- Untersicht vom Glockenturm

06

Evangelisch St. Markus-Kirche

Architekt: Fritz Brandt, Bremen
Eingeweiht am 10. April 1955
Obervieland, Arster Damm 16

Die neue Gemeinde St. Markus entstand als „Tochter" der Jacobi-Gemeinde, die seinerzeit mit ihren mehr als 25 000 Seelen eine der größten in Bremen war. Der Entwurf für das Gemeindezentrum bindet die Kirche organisch in eine U-förmig angeordnete Baugruppe mit Gemeindesaal und Gemeindehaus ein. Letzteres wird baulich durch einen niedrigen Glockenturm mit offenem Geläut abgeschlossen. In der Einflugschneise des Flughafens gelegen, durfte der Turm nicht höher ausgeführt werden.

Der Ziegelrohbau zeigt eine traditionalistische Bauauffassung mit romantischen, in einigen Details auch dem Barock entlehnten Zügen. Der als gerichteter Raum konzipierte Sakralraum mit losem „Worpsweder" Gestühl wird vom erhöhten Altarbereich und der Orgelempore eingefasst. Eine holzverschalte flache Tonnendecke bildet den oberen Abschluss. Im Querschnitt ist der Raum als Basilika ausgeführt, in der nur das westliche Seitenschiff bestuhlt ist, während sein Pendant als Verbindungsgang zwischen Saal und Gemeindehaus dient. Entsprechend dieser Funktion unterscheiden sich die beiden Arkaden. Relativ kleine Fenster im Obergaden und dem westlichen Seitenschiff erzeugen eine gedeckte Lichtstimmung. Das Gebäude steht unter Denkmalschutz.

Abbildungen

- Blick über die Gebäudegruppe
- Blick zur Orgelempore
- Glockenturm mit offenem Geläut und Löwenfigur
- Vorplatz
- Blick zum Altar

Sitzplätze ca. 400
Kunst und Ausstattung
Altarkreuz und Relief über dem Portal: Ernst Kubica
Turmabschluss: H. Wellmann
Orgel: Fa. Alfred Führer, Wilhelmshaven

07

Evangelische Zionskirche

Architekt: Carsten Schröck, Bremen
Eingeweiht am 11. März 1956
Neustadt, Kornstraße 31

Das Kirchengebäude und ein Nebengebäude sind rechtwinklig aneinander gefügt und schließen den Baublock Kantstraße/Kornstraße, wo sich auch der im Krieg zerstörte Vorgängerbau befand. An der Nahtstelle zwischen den beiden Gebäudeteilen steht außen, an der Kornstraße, der über 30 Meter hohen Turm, ein mit Ziegeln ausgefachtes Betonskelett, in dessen oberstes Fach eine stilisierte Weltkugel mit aufgesetztem Kreuz eingefügt ist.

Unter dem Turm befindet sich der Haupteingang mit dahinter liegendem Foyer. Von hier aus sind beide Gebäudeteile gut zu erreichen: links das Nebengebäude mit den Gemeindebüros und Gemeinschaftsräumen, rechts das Hauptgebäude mit Gemeindesaal im Erdgeschoss und darüber gelegenem Sakralraum. Der schlichte ziegelverkleidete Sakralraum wird über eine große seitliche Fensterwand aus Danziger Glas gut belichtet. Einen besonderen Akzent setzt das Altarfenster, auf dem der Einzug Jesu in Jerusalem darstellt ist.

Der Komplex kann als Bremens erster dezidiert moderner Sakralbau angesehen werden, was sich nicht nur in der Formensprache, sondern auch in einer Raumkonzeption Ausdruck verschafft, in der die Gemeindearbeit und die Öffnung zur Gesellschaft eine wichtige Rolle spielen. Das Gebäude steht unter Denkmalschutz.

Sitzplätze 400
Kunst und Ausstattung
Altarfenster: Erhart Mitzlaff
Orgel: Fa. Alfred Führer, Wilhelmshaven

Abbildungen

- Blick über den Innenhof
- Blick zum Altar

Abbildungen

- Blick aus der Kornstraße
- Fensterwand aus Danziger Glas
- Altarfenster, Detail

08

Evangelische Wilhadi-Kirche

Architekt: Fritz Brandt, Bremen
Eingeweiht am 9. September 1956
Walle, Steffensweg 89

Der neugotische Vorgängerbau stand an der Nordstraße und wurde beim verheerenden Luftangriff am 18. August 1944 vollständig zerstört. Nur der Turm war wie ein Mahnmal in einer kilometerweit zerstörten Stadtlandschaft stehen geblieben. Er wurde 1964 abgebrochen. Einem modernen städtebaulichen Konzept folgend, entstand die neue Wilhadikirche 300 Meter weiter nördlich am neuen Waller Grünzug und bildete mit der 1954 geweihten, neuen katholischen Marienkirche ein sehenswertes Sakralbauensemble.

Die Kirche ist in ein großes und mit seinerzeit modernsten Standards ausgestattetes Gemeindezentrum integriert. Beide bilden einen 50 Meter langen, durch Strebepfeiler gegliederten wuchtigen Gebäuderiegel in Ziegelrohbauweise. Im Südwesten schließt das niedrigere Gemeindehaus, im Nordosten der Turm an. Der als Langhaus ausgebildete, schlichte Sakralraum mit flach gewölbter Decke wird durch drei Emporen gegliedert, zwei für Wechselchöre bestimmte Seitenemporen rechts und links der Altarzone und einer Orgelempore an der Stirnseite gegenüber dem Altar. Ein eichenes, von hinten durch Neonlicht hervorgehobenes Kreuz dominiert optisch den angehobenen Altarbereich.

Sitzplätze 400
Kunst und Ausstattung
Fenster: Will Torger

Abbildungen

- Die Gesamtanlage mit Vorplatz
- Der Turm vom Waller Grünzug aus

- Das von hinten illuminierte Altarkreuz
- Spindeltreppe zur Seitenempore
- Orgelempore
- Der Raum spiegelt sich in einer Deckenleuchte

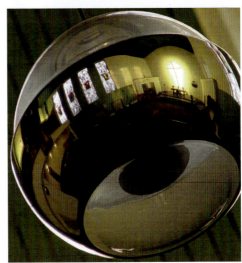

09

Evangelische St. Ansgarii-Kirche

Architekt: Fritz Brandt, Bremen
Eingeweiht am 17. März 1957
Schwachhausen, Schwachhauser Heerstraße 40

Die mittelalterliche St. Ansgarii-Kirche wurde bei einem Luftangriff am 1. September 1944 so stark zerstört, dass an einen Wiederaufbau nicht zu denken war. Während in der Stadt diskutiert wurde, ob die Ruine abzureißen oder in eine Gedenkstätte umzuwandeln sei, hatte die Gemeinde ihr neues Domizil in Schwachhausen gefunden, wo zunächst eine Notkirche entstand.

Der Neubau zeigt eine gegliederte Gebäudegruppe, die um einen zur Holler Allee geöffneten Vorplatz angeordnet ist. Dominiert wird die Gruppe durch den an die Straße vorgerückten Glockenturm und durch den Sakralbau, dessen Hauptportal sich zum Platz orientiert. Zwischen den beiden Bauwerken ist ein kleiner Verbindungsbau eingefügt, der das Brautzimmer sowie die Wohnräume für den Küster und die Gemeindeschwester aufnimmt. Die Verwaltungs-, Gemeinde- und Jugendräume schließen südlich an die Kirche an. Der Sakralraum ist als Basilika mit Rundbogenarkaden und Apsis ausgebildet. Einige erhaltene Bestandteile der alten Kirche, wie die Kanzel von 1592 oder der Orgelprospekt von 1611, wurden in den Neubau integriert. Auch die eiserne Wetterfahne auf dem Turm stammt vom alten Angarii-Turm, der mit 103 Metern Höhe einst die Domtürme überragte. Das Gebäude steht unter Denkmalschutz.

Sitzplätze ca. 500
Kunst und Ausstattung
Fenster Ostseite südliches Seitenschiff: Max Ingrand
Altarbild: Wilhelm Tischbein (1808)
Orgel: Fa. Alfred Führer

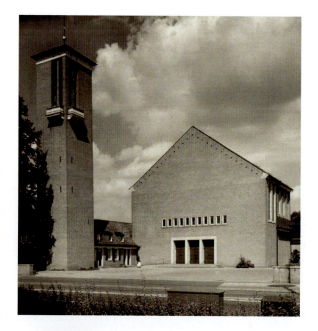

Oben: Vorplatz mit Turm und Kirchenfront

Unten: Die Kanzel stammt aus der alten Kirche

Abbildungen

- Blick zur Orgelempore. Der Prospekt stammt ebenfalls aus der alten Kirche.
- Blick zur Altar-Apsis
- Blick ins östliche Seitenschiff

10
Kapelle Waller Friedhof

Architekt: Otto Bartning, Darmstadt, mit Otto Doerzbach
Eingeweiht am 7. Dezember 1957
Walle, Waller-Friedhof-Straße

Da Kapelle und Krematorium in einem Bauwerk zusammenzufassen waren, bestand die Aufgabe für die Architekten darin, beide Bereiche so voneinander zu separieren, dass sie einander nicht störten.

Entstanden ist eine stark gegliederte Baugruppe, die ihre Lage an einer leichten Erhebung geschickt ausnutzt. Das zentrale Thema des Entwurfs lag für den Architekten in der Inszenierung des Weges, den die Trauergäste zurückzulegen hatten. Dieser Weg vom tiefsten Punkt der Anlage über einen geschützten Vorhof und schließlich in den trapezförmig sich weitenden Kapellenraum sollte „als Weg ins Licht" erlebt werden – was durch ein ansteigendes Pultdach wie durch eine künstlerisch gestaltete Glaswand unterstrichen wird.

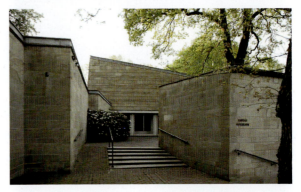

Das neue Krematorium in Walle sollte die bis dahin einzige bremische Anlage am Riensberger Friedhof entlasten.

Sitzplätze ca. 200
Kunst und Ausstattung
Glasfenster: August Welp

Abbildungen

- Westfront
- Zugang
- Blick von Osten

- Kapelle, Blick zum Katafalk
- Blick zur Empore
- Grundriss

11

Waller Fleetkirche

Architekt: Hermann Gildemeister, Bremen
Eingeweiht am 7. September 1958
Walle, Fleetkirchenweg

Trotz der großen Anstrengungen im Wohnungsbau lebten gut ein Jahrzehnt nach Ende des Krieges noch viele Menschen in provisorischen Unterkünften in den bremischen Kleingartengebieten. Nicht wenige davon waren aufgrund des so genannten „Kaisen-Erlasses" mit Dauerwohnrecht ausgestattet. Die Waller Feldmark hatte damals mehr als 4 000 Bewohner.

Da der Bedarf an geistlicher Betreuung in dem zur Waller Kirchengemeinde gehörenden Gebiet nur schwer zu befriedigen war, entschloss sich die Gemeinde zum Bau einer kleinen Kirche vor Ort. Das hölzerne Gebäude mit seitlich eingeschobenem Glockenturm, das bis zu 200 Personen Platz bietet, nimmt mit seiner vertikalen Verbretterung und den feinsprossigen Fenstern Motive aus der Formensprache der Gartenhäuser auf. Die Decke des Kirchenraums ist als Tonne ausgebildet und macht so die Bezeichnung „Kirchenschiff" besonders anschaulich.

Nach dem Aussterben der „Kaisenbewohner" verwaiste das Gotteshaus. Die Gottesdienste wurden im Jahr 2000 eingestellt. Inzwischen wird die Fleetkirche aber von einer serbisch-orthodoxen Glaubensgemeinschaft genutzt.

Abbildungen

- Freigelände an der Rückseite der Kirche
- Fleetkirche mit Entwässerungsgraben
- Kreuzfenster an der Eingangsfront
- Glockenturm
- Weihrauchbehälter
- Die Grundform des Sakralraums mit Tonnendecke ist nach der Umnutzung erhalten geblieben.

12

Evangelisch-lutherische Christophorus-Kirche

Architekt: Hans Budde, Bremen
Eingeweiht am 28. September 1958
Menkestraße 15, Vegesack-Aumund

Aufgrund der räumlichen Beschränktheit des Grundstücks entstand eine sehr kompakte Bauanlage, in der der Sakralbereich optisch kaum hervorgehoben ist. Kirche und Gemeindesaal liegen in einer Flucht und lassen sich durch das Öffnen einer Faltwand vereinen. Der nüchtern gehaltene Sakralraum ist mit losem Binsengeflecht-Gestühl ausgestattet. Die hölzernen Dachbinder werden ebenso sichtbar wie das Ziegelmauerwerk, das innen weiß gestrichen ist. Eine große Fensterwand an der Nordseite sorgt für eine gleichmäßig gute Belichtung.

Das besondere optische Merkmal der Anlage ist ein mächtiger Turm mit dramatisch nach Süden ansteigendem Pultdach. In die Turmbasis ist der Haupteingang gelegt. Markante Rosetten, zusammengesetzt aus jeweils sieben kreisrunden Betonelementen, schmücken als Schalllöcher die vier Turmseiten. Die gleichen Betonelemente werden schließlich auch zur Betonung der Altarwand eingesetzt. Ebenfalls sieben bilden hier eine mit farbigem Glas gestaltete Rundfenstergruppe, die zu einem Kreuzmotiv gefügt ist.

Sitzplätze: 480 (mit Gemeindesaal)
Kunst und Ausstattung
Orgel: Fa. Kleuker, Bielefeld (ab 1962)

Abbildungen

- Blick aus der Menkestraße
- Lose Bestuhlung mit Binsengeflecht
- Rundfenster über dem Altar

- Blick aus der Straße Fährer Kämpe
- Altarbereich

13

Evangelische Auferstehungskirche

Architekt: Carsten Schröck, Bremen
Eingeweiht am 31. Mai 1959
Hastedt, Drakenburger Straße 38-44

Das Kompositionsprinzip dieses markanten Bauwerks, das im Volksmund den Namen „Sessel Gottes" bekommen hat, beruht auf dem Kontrast und dem Spiel zweier gekrümmter Formen. Eine gebogene Wand aus Sichtbeton, die in eine parabelförmige Schräge ausläuft, markiert den Altarraum. An die Schräge lehnt sich die zweite Form an, ein sattelartig gebogenes Dach, das aus Leimschichtholzbindern konstruiert ist. Darunter befindet sich der Kirchenraum mit Empore.

Durch das Zusammenfügen der beiden gebogenen Formen entstehen drei große Lichtöffnungen: zwei aus farbigem Glas an den Seitenflächen des Dachsattels, eine in der oberhalb des Dachs gelegenen Schräge der Betonwand. Letztere besteht aus opakem Glas. Ostlicht fällt durch diese Öffnung eindrucksvoll in den Altarraum. Die Räume des Gemeindezentrums sind um einen Innenhof gruppiert. Durch Faltwände lässt sich der Sakralraum zum Foyer und zum Gemeindesaal öffnen.

Ein niedriger Glockenturm in Betonskelettbauweise markiert den Eingang zum Gemeindezentrum an der Malerstraße. Er wurde 1962 fertiggestellt.

Sitzplätze 300
Kunst und Ausstattung
Betonglasfenster: Erhart Mitzlaff
Wetterhahn am Turm: Adrian von der Ende
Orgel: Fa. Alfred Führer, Wilhelmshaven

Abbildungen

- Blick aus der Drakenburger Straße
- Grundriss

- Blick von der Empore zum Altar
- Blick von der Empore zum Seitenfenster
- Blick zur Empore
- Der Glockenturm an der Malerstraße

14

Katholische St. Bonifatius-Kirche

Architekten: Theo Burlage und Bernd Nierbuer, Osnabrück
Eingeweiht am 11. August 1959
Findorff, Leipziger Straße 29

Der helle langgestreckte Kirchenraum zeigt ein offenes Satteldach, dessen Stahlbetonbinder innen wie außen als gliedernde Elemente sichtbar bleiben. Außen verjüngen sich die Träger nach unten. Die Satteldachform ist von außen nur schwer zu erkennen, weil sich jeweils in den letzten Feldern vor den Stirnseiten das Satteldach zu einem Pultdach verlängert. An der Altarseite steigt es nach Südosten an, unter seinem Hochpunkt liegt eine große Fensterwand.

An der Eingangsseite steigt es über der Orgelempore nach Nordwesten an und leitet organisch in den Glockenturm über, der mit einem gleich geneigten Pultdach abschließt. In der Basis des Turms befindet sich, von einer Freitreppe erschlossen, der Kircheneingang rund drei Meter über Straßenniveau. Da die Grundfläche für ein Gemeindezentrum knapp bemessen war, mussten die Gemeinderäume unter der Kirche platziert werden. Erschlossen werden sie, ebenso wie ein Querflügel mit Sakristei, Pfarrbüro und Wohnungen, über einen abgesenkten Hof, der zugleich als Parkplatz dient.

Die St. Bonifatius-Kirche wird seit einigen Jahren von der russisch-orthodoxen Gemeinde der Kaiserlichen Leidensdulder mitgenutzt.

Sitzplätze 320
Kunst und Ausstattung
Historische Holzplastik: Madonna (um 1750)
Orgel: Fa. W. Böttner, Frankenberg/Eder

Abbildungen

- Eingangsfront
- Seitenansicht

- Blick zum Altar
- Blick zur Orgelempore

15

Katholische St. Nikolaus-Kirche

Architekt: Josef Feldwisch-Drehntrup, Osnabrück
Eingeweiht am 12. August 1959
Gröpelingen, Beim Ohlenhof 19

Das einschiffige Langhaus mit eingerücktem Chor und kompakter Doppelturmfassade wirkt in seiner Bauauffassung traditionell. Der Hauptraum ist in fünf Joche untergliedert, die Stützen sind innen leicht hervorgehoben. In der Mitte der Wandfelder befinden sich schmale, hohe Fenster. Eine Lichtwand in der nördlichen Chorseite und ein großes Westfenster in der Turmfassade auf Höhe der Orgelempore spenden zusätzlich Licht, gefiltert durch farbiges Glas, überwiegend in Blautönen.

Der homogene Außenbau wird bestimmt durch das Muster der sichtbar gelassenen Betonkonstruktion mit Ausfachungen aus gelblichen Ziegeln. Ein weit auskragendes Vordach in der Turmfassade kann als Reminiszenz an den Zeitgeist der 50er Jahre gesehen werden. Pfarrhaus und Sakristei sind so angefügt, dass sie die klare Baustruktur der Kirche nicht beeinträchtigen. Nach der Reform der katholischen Liturgie, die eine stärkere Einbeziehung der Gemeinde in die Messfeier vorsah, wurde der Altarbereich 1969 umgestaltet.

Sitzplätze 280
Kunst und Ausstattung
Nikolausfigur aus Holz: Werkstatt J.W. Jorkams Griesbach, 18 Jh.
Orgel: Fa. M. Kreienbrink, Osnabrück

Abbildungen

- Eingangsfront
- Seitenansicht

- Blick zum Altar
- Altarfenster
- Altarkreuz
- Nikolausfigur

16

Katholische St. Georg-Kirche

Architekt: Ludger Sunder-Plaßmann, Münster
Eingeweiht am 18. August 1959
Horn-Lehe, Ledaweg 2a

Der Neubau wurde für die rasch auf 1 500 Mitglieder gewachsene Gemeinde dringend notwendig. 250 statt der bisher nur 80 Sitzplätze standen nun zur Verfügung. In einer Biegung der Leher Heerstraße gelegen, erzielt das neue Gotteshaus eine ausgezeichnete stadträumliche Wirkung. Die als Ziegelrohbau ausgeführte Gesamtanlage besteht aus Sakralbau, Turm, Gemeinde- und Pfarrhaus. Die Funktionseinheiten sind locker miteinander zu einer Baugruppe verknüpft.

Das Satteldach des Hauptgebäudes mit seinem akzentuierten Dachüberstand, aber auch die Rundbogenabschlüsse der Fenster und des Portals erzeugen einen leicht mediterranen Charakter. Der schlanke, hoch aufragende Campanile mit dem sich konisch nach oben vergrößernden Schallöffnungen zeigt typische Merkmale des 50er-Jahre-Stils. Er wurde 1965 fertiggestellt. Eine eigenwillige Mischung stilistischer Elemente bestimmt auch den Innenraum, der – als Halbbasilika auf ovalem Grundriss ausgeführt – romanische mit barocken Anmutungen vereint.

Ein Umbau des Altarbereichs gemäß den Beschlüssen des Zweiten Vatikanischen Konzils erfolgte 1966, ein weitere Umbau mit Renovierung 1982.

Sitzplätze 250
Kunst und Ausstattung
Madonna: Kalksteinplastik um 1400
Glasfenster im Vorraum: Kurt Claußen-Finks
Orgel: Fa. H. Kruse, Lohne/Oldb.

Abbildungen

- Eingangsfront
- Campanile

- Blick zum Altar
- Blick ins Seitenschiff
- Altarbereich
- Fensterreihe im Seitenschiff

17

Evangelisch-lutherische Kirche Bockhorn

Architekt: Jan Noltenius, Bremen
Eingeweiht am 18. August 1959
Blumenthal-Bockhorn, Himmelskamp 21

Gemeindehaus und Kirche bilden einen kleinen Vorplatz an der Kreuzung der Straßen Himmelskamp und Auf der Ahnte. Der langgestreckte Kirchenbau wird aber nicht von diesem Platz, sondern von der Straße Himmelskamp aus betreten. An dieser Seite befindet sich auch der hoch aufragende Turm mit gitterartig aufgelöstem Glockenstuhl. Ziegelsichtmauerwerk bestimmt das äußere Erscheinungsbild – am Turm und am Ostgiebel der Kirche kontrastiert das Ziegelrot mit der sichtbar gelassenen, weiß gestrichenen Betonkonstruktion.

Der Innenraum wird durch eine Doppelnutzung bestimmt: Er dient als Sakralraum und Gemeinderaum. Im Osten liegt der eingerückte, um drei Stufen erhöhte Altarbereich, akzentuiert durch ein raumhohes, mit Buntglas gestaltetes Fenster. Ihm gegenüber befindet sich eine Bühne. Durch Drehung des losen Gestühls verwandelt sich der Kirchenraum in einen Gemeindesaal und umgekehrt. Die Struktur im Innern wird durch dunkle Holzbinder und dunkle Deckenverschalung im Kontrast zu weiß geschlämmten Ziegelwänden bestimmt. In der Nähe der Bühne ist seitlich eine Orgelempore eingefügt.

Zur besseren Belichtung des Raumes wurde später in der Firstlinie ein Oberlichtband geschaffen, das die Breite des Altarfensters aufnimmt.

Sitzplätze 400
Kunst und Ausstattung
Altarfenster: Albrecht Kröning

Abbildungen

- Blick von Norden
- Turm vom Vorplatz aus

Abbildungen

- Altarbereich
- Blick zur rückwärtig gelegenen Bühne des Gemeindesaals
- Auf der Orgelempore
- Kruzifix auf dem Altar
- Das Altarfenster von Albrecht Kröning

18

Evangelisch-lutherische Epiphanias-Kirche

Architekt: Peter Ahlers, Bremen
Eingeweiht am 26. Juni 1960
Gartenstadt Vahr, Bardowickstraße 83

Gemeindesaal und Kirche sind Rücken an Rücken angeordnet, durch eine Faltwand trennbar, aber unter einem großen Dach zusammengehalten. Während der Sakralraum konisch auf den Altarbereich zuläuft, vollzieht sich das im Gemeindesaal spiegelbildlich zur Bühne. Werden beide Räume zu besonderen Anlässen zusammengeschlossen, finden 600 Besucher Platz. Um in dem gestreckten Sechseck auch von hinten Sicht zu haben, senkt sich der Boden tribünenartig zum Altar. Zu den Besonderheiten gehört auch das in der Mitte platzierte Taufbecken.

Der Haupteingang liegt unter dem seitlich angefügten Glockenturm. Quert man hier den Großraum, gelangt man in eine Halle, von der aus sich die weiteren Bereiche des Gemeindezentrums erschießen. Der unregelmäßige Grundriss und die ansteigenden und abfallenden Mauern des Hauptraums machen eine aufwändige Dachkonstruktion aus Sparrenträgern notwendig. Insgesamt wirkt das Bauwerk ein wenig überinszeniert, was nicht zuletzt der Turmbalkon (für den Posaunenchor) belegen mag. Auf der Stirnwand des Gemeindesaals befindet sich außen ein markantes figürliches Ziegelrelief.

Sitzplätze 600 (mit Gemeindesaal)
Kunst und Ausstattung
Chorfenster und Entwurf Taufstein: Willy Menz
Orgel: Fa. Alfred Führer, Wilhelmshaven

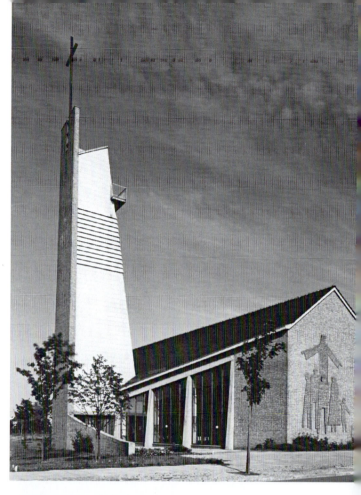

Abbildungen

- Eingangsseite
- Blick aus einem nahe gelegenen Grünzug

- Sakralraum, Blick auf das Taufbecken
- Der markante Turm mit dem Posaunenbalkon
- Blick zum Altar

19

Katholische Heilig-Kreuz-Kirche

Architekt: Leo Golombek, Bremen
Eingeweiht am 13. August 1960
Blumenthal-Bockhorn, Treuburger Platz 10

Durch den Fortfall eines ursprünglich geplanten Glockenturms wirkt das längliche Gebäude mit schlichtem Satteldach an der Südseite des Treuburger Platzes eher profan, fast einer Turnhalle ähnlich. Lediglich ein Rundfenster an der Eingangsseite, überlagert durch ein griechisches Kreuz, setzt ein äußeres sakrales Zeichen. Das Haus sollte als zweite Kirche für die auf 8 000 Seelen angewachsene Blumenthaler Gemeinde dienen sowie als Garnisonskirche für rund 600 katholische Bundeswehrangehörige der nahen Schwaneweder Kaserne.

Unter der Orgelempore betritt man den durch das sichtbar gelassene Betontragwerk gegliederten Kirchenraum mit leicht eingerücktem Altarbereich. Bemerkenswert ist die Deckenuntersicht mit sich spreizendem Gebälk. Der Raum wirkt hell. Die Nordwand ist in große, mit Buntglas gestaltete Fensterflächen aufgelöst. An der Südseite mit Seitenschiff erfolgt der Lichteinfall vor allem über ein Fensterband mit Klarglas im Obergaden.

Sitzplätze 350
Kunst und Ausstattung
Fenster: Claus Kilian
Orgel: Fa. Walker

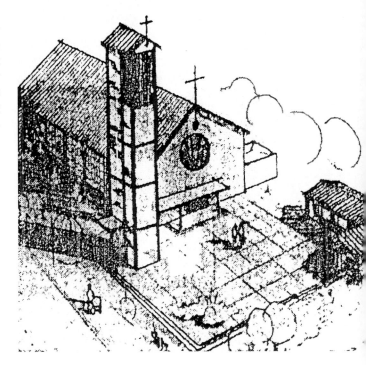

Abbildungen

- Eingangsfront
- Zeichnung mit geplantem Turm

- Buntglasfenster im Bereich der Orgelempore
- Fensterdetail
- Blick zum Altar
- Übergang zur Altarzone

20

Christuskirche der evangelischen Kirchengemeinde in der Neuen Vahr

Architekten: Enno Huchting und Heinz Lehnhoff, Bremen
Eingeweiht am 2. Oktober 1960
Neue Vahr, Adam-Stegerwald-Straße 42

Ein schlanker, 33 Meter hoher Glockenturm aus Beton, der sich nach oben verjüngt, ist das weithin sichtbare Zeichen des ersten neuen Gotteshauses in dem seinerzeit größten Stadterweiterungsgebiet Europas. Seine Basis ist als Tor gestaltet, das auf den Kircheneingang weist und einen mit Gemeindebauten umstandenen Vorplatz eröffnet. Auch ein öffentlicher Fußweg führt unter dem Turm durch.

Der mit zwölf Metern ungewöhnlich hohe Kirchenraum basiert auf einem kreuzförmigen Grundriss in West-Ost-Ausrichtung. Das Hauptschiff erweitert sich konisch zur Vierung. Als Materialien dominieren innen wie außen Sichtbeton und gelber Ziegelstein. Selbst die hölzernen Sitzflächen und Rückenlehnen der Kirchenbänke ruhen auf wuchtigen Betonelementen. Drei große künstlerisch gestaltete Fenster belichten den Raum: das Altarfenster sowie die ganzflächig verglasten Stirnseiten des Hauptschiffs im Westen und des Querschiffs im Norden. Eine Empore umfasst den Raum von zwei Seiten. Im Süden schließt der Gemeindesaal an das Querschiff an, er lässt sich zur Kirche öffnen.

Sitzplätze 350 (600 mit Gemeindesaal)
Kunst und Ausstattung
Fenster: Heinz Lilienthal
Orgel: Fa. Beckerath

Abbildungen

- Der Turm als markanter Blickfang im neuen Stadtteil
- Blick über die Gesamtanlage

- Blick von der Orgelempore zum Altar
- Verglasung, Detail
- Blick zum Altar mit Altarfenster und seitlicher Orgel

21

Emmaus-Kirche, Kirche des evangelischen Diakonissenmutterhauses und Diakonissenkrankenhauses

Architekt: Eberhard Gildemeister, Bremen
Eingeweiht am 18. Dezember 1961
Gröpelingen, Gröpelinger Heerstraße 406/408

Die Kirche ist Teil des neuen Diakonissenkrankenhauses und -mutterhauses im Park des Ludwig-Schrage-Stiftes am Mühlenberg in Gröpelingen. Sie liegt zwischen der Klinik und den zerstreuten Bauten des Mutterhauses in einem reizvollen Park mit altem Baumbestand, knapp unter der Kuppe der Erhebung. Der breit gelagerte Satteldachbau mit weit heruntergezogenem Dach ist mit seiner Nordseite in diese eingegraben.

Hier befindet sich innen ein fensterloses Seitenschiff des nach Westen ausgerichteten Sakralraums. Während auch die Altarseite fensterlos bleibt, erhält der Raum vor allem über große Fenster an der Südseite Licht, wo die Fassade hinter der Sakristei bis zum Hauptschiff zurückspringt und außen einen kleinen, mit einer Mauer gefassten Vorplatz definiert. Dieser wird an der Südwestseite mit einem gedeckten Zugang durchschnitten. Am Fußpunkt eines expressiv geformten Glockenturms betritt der Besucher unter einer Orgelempore einen Kirchenraum, der durch seine stimmige Ausstattung überzeugt.

Sitzplätze: ca. 220
Landschaftsgestalter: Schwarz, Worpswede

Abbildungen

- Skizze von Eberhard Gildemeister
- Im Dämmerlicht

- Blick von der Empore
- Altar
- Haupt- und Seitenschiff

22

Synagoge

Architekt: Karl Gerle, Recklinghausen
Eingeweiht am 30. August 1961
Schwachhausen, Schwachhauser Heerstraße 117

Die alte Bremer Synagoge in der Gartenstraße (später Kolpingstraße) war in der „Reichs-Kristallnacht" im November 1938 vernichtet worden. Fast ein Vierteljahrhundert später konnte die Israelitische Gemeinde in der Hansestadt, unterstützt mit Mittel aus dem Entschädigungsfonds, wieder ein neues Zentrum beziehen.

Das Bauwerk erstreckt sich, etwas zurückgesetzt, entlang der Straße. Links schließt es mit der kubischen, flach überkuppelten Synagoge ab. Sie ist mit rötlichem Mainsandstein verkleidet, während der zweigeschossige Gemeindebereich gelben Spaltklinker zeigt. Der Haupteingang liegt in der Mitte des Baus. Von dort gelangen die Besucher links in die Vorhalle der Synagoge oder zu einer Treppe, die zur Frauenempore führt. Geradeaus betritt man den 80 Plätze fassenden Gemeindesaal, der sich mittels Faltwänden zur Synagoge öffnen lässt. Zur Gartenseite ist eine Terrasse vorgelagert. In einem Seitenflügel liegt ein Wohntrakt. Das Gebäude wurde in den 90er Jahren umgebaut und durch einen Festsaal erweitert.
(Siehe auch den Beitrag von Sunke Herlyn „Die neue Synagoge in Bremen" in diesem Buch)

Sitzplätze: 120
Kunst und Ausstattung
Buntglasfenster: Jupp Gesing

Abbildungen

- Haupteingang
- Straßenansicht der Synagoge

- Panoramafoto des Sakralraums
- Fenster an der Rückseite der Frauenempore
- Blick in die Schwachhauser Heerstraße mit Synagoge um 1962
- Südfenster

23

Evangelisch-lutherische Martin-Luther-Kirche

Architekt: Friedrich Schumacher, Bremen
Eröffnet am 8. Oktober 1961
Findorff, Neukirchstraße 86

Altarfenster: Albrecht Kröning
Fenster Ostwand: Heinz Lilienthal
Paramente: Inger Gulbransson und Kaiserswerther Schwestern
Altarkreuz: Gerhard Schreiter
Orgel: Beckerath

Das im Volksmund „Findorffer Dom" genannte Bauwerk ist mit 750 Plätzen Bremens größter Kirchenneubau der Nachkriegszeit. An der Kreuzung der Hauptstraßen des Stadtteils besetzt der mächtige Ziegelrohbau mit dem in den Kirchenbaukörper eingeklinkten, 34 Meter hohen Turm stadträumlich wirkungsvoll die Mitte Findorffs. Die älteren Gemeindebauten, vom selben Architekten 1953 geschaffen, sind mit dem Neubau verbunden.

Innen wie außen werden die Hauptmaterialien – Sichtbeton für das konstruktive Gerüst und Ziegelstein für die Wandflächen – unverkleidet gezeigt. Innen ist selbst das Bodenmaterial in Rotstein gehalten, passend dazu die blaugrau gestrichenen Bänke. Der als Halbbasilika ausgeführte Raum wird über ein Fensterband im Obergaden und über sechs große Nordfenster gut belichtet. Der eingerückte Altarraum erhält über ein großes und vier kleine Rundfenster an der Stirnseite eine eigene Lichtstimmung. Die Deckenuntersicht zeigt ein (im Gegensatz zum steilen Außendach) flach geneigtes Satteldach.

Zur Zeit der Fertigstellung des Baus war die Martin-Luther-Gemeinde noch mit der St. Michaelis-Gemeinde aus der Doventorsvorstadt fusioniert. Diese machte sich aber bald wieder selbstständig und baute sich 1966 ein eigenes Gotteshaus.

Sitzplätze 750
Kunst und Ausstattung
Relief Eingang: Kurt Lettow
Emailband Tür: Karl Wienceck

Abbildungen

- Blick aus der Neukirchstraße mit dem älteren Gemeindehaus
- Blick zur Orgelempore
- Blick zum Altar
- Taufbecken
- Blick aus der Hemmstraße

24

Kapelle Friedhof Hemelingen

Architekt: Alfred Meister (Hochbauamt Bremen)
Eingeweiht am 21. September 1962
Hemelingen, Marschstraße 34

Bei der modern gestalteten Baugruppe überragt die Kapelle zwei angeschlossene Nebengebäude. Sie besitzt eine lang gestreckte, konisch zulaufende Form und wird von einem ungleichschenkligen Grabendach abgeschlossen, dessen Tiefpunkt innenräumlich die Schwelle zwischen dem Bereich der Trauergäste und dem des Katafalks markiert.

Man betritt das Gebäude über einen Foyerflügel mit Vorhalle und Urnenraum. Der Einlass zur Kapelle befindet sich seitlich in deren rückwärtiger Stirnwand, die nach außen ausbaucht. Tageslicht erhellt den Sakralraum durch perforierte Betonformsteine in der schmaleren Frontseite. Während das Erscheinungsbild der Gebäudegruppe durch dünnformatige Ziegel geprägt ist, betont ein frei stehender Turm aus Sichtbeton den Eingangsbereich mit einem zwei Stufen höher gelegenen Vorplatz.

Sitzplätze ca. 100

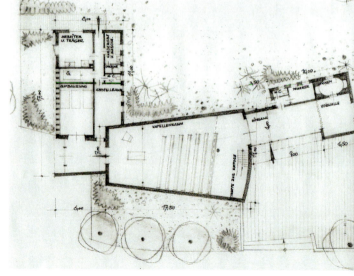

Abbildungen

- Eingang und Vorhof
- Grundriss
- Turm

- Die Kapelle von innen

25

Evangelische Kirche des Guten Hirten

Architekt: Peter Ahlers, Bremen
Eingeweiht am 11. November 1962
Sebaldsbrück, Forbacher Straße 16-18

Auf dem Eckgrundstück an der Kreuzung Forbacher und Saarburger Straße sollte zunächst über einem H-förmigen Grundriss ein Kirchen- und Gemeindezentrum entstehen: im Südtrakt mit Kirche und Gemeinderaum, im Nordtrakt mit kleineren Gemeinderäumen und Wohnungen, dazwischen unten das Foyer und darüber der Konfirmandensaal. Ein Turm sollte die Anlage nach Osten abschließen.

Aus Kostengründen wurde auf die Kirche verzichtet – was der äußeren und inneren Gestalt des Bauwerks nicht unbedingt zum Vorteil gereicht. Außen erscheint der Baukörper sichtbar unvollständig – auch der nachträglich, zwölf Jahre später errichtete freistehende Glockenturm, der wie ein Tor wirken soll, kann diese Unausgewogenheit nur bedingt beheben. Und der zum Kirchenraum uminterpretierte Gemeindesaal mit dem Altarbereich auf der Bühne kann den Charakter einer Notlösung kaum verbergen. Die aus Glasbausteinen künstlerisch gestaltete Rückwand bildet einen angenehmen Kontrast zur dunklen Holzverkleidung und zum Sichtmauerwerk.

Sitzplätze ca. 120
Kunst und Ausstattung
Glockenturmkreuz: Claus Homfeld
Altarbild: Evangelische Marienschwesternschaft
Glasbauwand: Edith M. Heinze
Orgel: Fa. Alfred Führer, Wilhelmshaven

Abbildungen

- Blick von der Kreuzung
- Glockenstube des Turms
- Relief mit dem Wappen der Gemeinde

- Blick zum Altar
- Die mit farbigen Glasbausteinen gestaltete Rückwand
- Flur

26

Katholische St. Hedwig-Kirche

Architekten: Theo Burlage und Bernd Niebuer, Osnabrück
Eingeweiht 31. März 1963
Neue Vahr, Kurt-Schumacher-Allee 62

Die Kirche basiert auf einer freien organischen Form. Der Bau wird durch zwei hohe geschwungene Wände strukturiert, die zum Kirchenzentrum hin leicht ansteigen. Die längere Wand ähnelt, von Süden gesehen, einem J, die kürzere einem gespiegelten S. Der untere Haken des J setzt sich in dem Umriss der leicht angehobenen „Altarinsel" fort.

Wo sich die beiden Wände nahe kommen, werden sie durch raumhohe Fensterelemente geschlossen. Das nördliche, in Klarglas gehaltene nimmt den Haupteingang auf, das südliche, mit Betonglas in Rot- und Blautönen gestaltet, die Taufkapelle. Innenräumlich inszenieren die beiden Wände einen Hell-Dunkel-Kontrast. An der Schwelle zwischen beiden Sphären steht raumwirksam eine schlanke Mariensäule. Der Zugang zum Kirchenraum beginnt unter einer Empore. Links schließt eine Nebenkapelle an. Mit ihrem weißen Verputz und ihren regelmäßigen hohen Fenstern, die an einen Zinnenkranz erinnern, lenkt jedoch die J-förmige Wand den Blick unweigerlich zum hellen sakralen Zentrum. Das Gebäude steht unter Denkmalschutz.

Sitzplätze 280
Kunst und Ausstattung
Altarbereich: Rudolf Kröger
Orgel: Fa. E.F. Walcker & Cie., Ludwigsburg

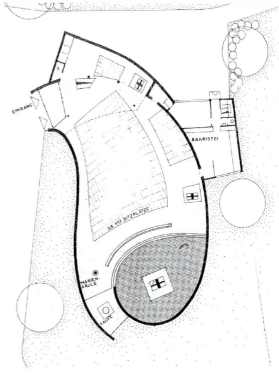

Abbildungen

- Eingang
- Grundriss

- Taufkapelle
- Blick zum Altar
- Blick zur Empore

27

Katholische St. Pius-Kirche

Architekt: Karl-Heinz Bruns, Bremen
Einweihung 13. Oktober 1963
Huchting, Willakedamm 6

Der aus einem beschränkten Wettbewerb hervorgegangene Entwurf für ein katholisches Gemeindezentrum des Neubaustadtteils Huchting kam aufgrund seiner städtebaulichen Qualitäten zu Ausführung. Drei Bauteile – Kirche, Pfarrhaus und Gemeindezentrum – sind U-förmig um einem Vorplatz angeordnet. Der Platz öffnet sich mit seiner Breitseite zum Willakedamm, somit zur grünen Stadtteilmitte. Ursprünglich sollte, optisch der Kirche zugeordnet, ein Campanile in Form eines Beton-Skeletts entstehen. St.-Pius ist die erste, aber nicht letzte Gemeinde, bei der letztlich auf den Turm verzichtet wurde.

Die Kirche ist die moderne Interpretation einer Basilika. Niedrige, flach gedeckte Seitenschiffe umfassen ein Mittelschiff mit steil aufragendem Satteldach, dessen Firstlinie zum Altar hin abfällt. Gedämpftes Licht erhält der Sakralraum über ein umlaufendes Band aus Betonglas entlang der Seitenschiffe. Während die Altarwand geschlossen ist, bildet die Hauptlichtquelle das gegenüber liegende Giebeldreieck.

Sitzplätze: 350 (450 mit Gemeindesaal)
Kunst und Ausstattung
Fenster: Günther Radloff
Orgel: Fa. Kreienbrink, Osnabrück

Abbildungen

- Blick vom Willakedamm Mitte der 60er Jahre und heute
- Anbindung der Kirche ans Gemeindezentrum
- Der markante Giebel
- Blick zum Altar

28

Kirche der evangelisch-reformierte Gemeinde Aumund

Architekt: Kurt Schulze-Herringen, Osterholz
Eröffnet am 8. Dezember 1963
Vegesack-Aumund, Pezelstraße 27-29

Die Bauanlage der kleinen Nebenstelle der Blumenthaler reformierten Gemeinde in Aumund zeichnet sich durch eine moderne, aber zurückhaltende Formensprache aus. Der Sakralbau, in seinen Ausmaßen eher eine Kapelle, beruht auf einem sechseckigen Grundriss. An der dem Altar gegenüberliegenden Seite schließt eine Halle an, die zugleich Foyer und Verbindungstrakt zu den Gemeinderäumen ist. Bei den Seitenwänden wechseln sich solche mit flachen Abschlüssen und Giebelfeldern ab. Ein Giebel markiert den Altarbereich, die beiden anderen schräg gegenüberliegenden sind als große Fensterwände ausgebildet.
Die Schichtholzbinder lassen im Innern den Eindruck eines Zeltes entstehen. Der Zentralität des Raumes widerspricht allerdings die lineare Ausrichtung der Bankreihen. Der Wechsel unterschiedlicher Dreiecksfelder in der Dachuntersicht wird außen zu drei fünfeckigen Dachflächen vereinfacht. Ein filigraner Campanile aus Betonspangen mit dunkel verschalter Glockenstube setzt an der Straße ein Zeichen.

Sitzplätze 130
Kunst und Ausstattung
Fenster: Heinz Lilienthal
Orgel: Fa. Alfred Führer, Wilhelmshaven

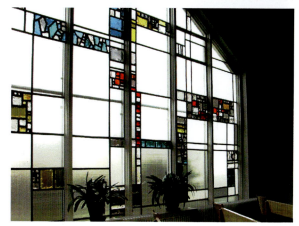

Abbildungen

- Kirche und Turm
- Untersicht des Turms

- Impressionen aus dem Sakralraum

29

Evangelische St. Lukas-Kirche

Architekt: Carsten Schröck, Bremen
Eingeweiht am 29. März 1964
Grolland, Am Vorfeld 37

Der wohl ungewöhnlichste und besonders innovative Kirchenneubau der Nachkriegszeit beruht auf einer Zusammenarbeit des Architekten mit dem Tragwerksplaner Frei Otto, einem Protagonisten leichter Flächentragwerke. Schon beim Wettbewerb für die Bremer Stadthalle hatten die beiden 1957 zusammengearbeitet (ein 2. Preis). Das dort vorgeschlagene Prinzip einer Seilnetzkonstruktion mit Druckbögen wurde im kleineren Maßstab in Grolland verwirklicht.

Das Tragwerk besteht aus zwei Leimholzbögen, die auf gemeinsamen Fußpunkten aufliegen, und von drei Seilnetzen mit einer überzeugenden Ökonomie der Mittel im Gleichgewicht gehalten werden. Architektur und Tragwerk verschmelzen zu einer Symbiose. Als Außenhaut wird Kupfer im Dachbereich und Holz an den Seitenwänden eingesetzt. Einzelne Netzmaschen dienten als Lichtöffnungen. Das Bauwerk besticht vor allem durch seinen zeltartigen Innenraum, der ein spannendes Spiel konkavkonvexer Wölbungen offenbart. Das unmittelbar angrenzende Gemeindezentrum hält sich architektonisch zurück. Das Gebäude steht unter Denkmalschutz.

Sitzplätze 350
Kunst und Ausstattung
Fenster: Erhart Mitzlaff
Orgel: Fa. Alfred Führer, Wilhelmshaven

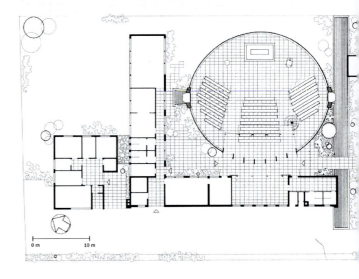

Abbildungen

- Das mit Kupfer verkleidete Dach
- Grundriss

- Blick zum Altar
- Außenanlage
- Blick von der Empore

30

Heilig-Geist-Kirche der evangelischen Kirchengemeinde in der Neuen Vahr

Architekten: Hans Joachim Böhmert, Gerhard Müller-Menckens, Bremen
Eingeweiht am 4. Oktober 1964
Neue Vahr, August-Bebel-Allee 276

Sakralbau und Gemeindezentrum sind zu einer L-förmigen Figur zusammengeschlossen. Die Gebäudegruppe umschließt einen Platz, der durch den freistehenden 30 Meter hohen Glockenturm betont wird. Der Sakralraum erhält vor allem über drei hohe Fenster im Süden Licht. An dieser höchsten Wand des Bauwerks befindet sich auch die Empore. An der niedrigeren Nordseite kann durch geöffnete Faltwände der Raum zum angrenzenden Gemeindesaal erweitert werden.

Der unsymmetrische Aufbau des Sakralbaus wird außen durch ein ungleichschenkliges Grabendach sichtbar. Dominierende Materialien sind innen wie außen Ziegelsichtmauerwerk sowie Sichtbeton für die Tragwerksstruktur. Die ursprüngliche Längsausrichtung der Bänke wurde in jüngerer Zeit in eine zentral ausgerichtete Gruppierung umgewandelt.

Sitzplätze 180
Kunst und Ausstattung
Altar und Kanzel: Johannes Schreiter und Georg Höge
Taufstein: Klaus-Jürgen Luckey
Tür: Gerhard Schreiter
Orgel: Fa. Alfred Führer, Wilhelmshaven

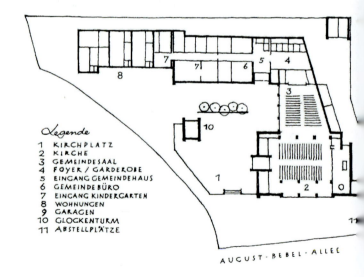

Abbildungen

- Blick von der August-Bebel-Allee
- Grundriss

- Blick zum Altar
- Altar und Seitenempore
- Ausgang
- Detail aus dem Türrelief von Gerhard Schreiter

31

Evangelische Thomas-Kirche

Architekt: Fritz Brandt, Bremen
Eingeweiht am 13. Dezember 1964
Obervieland, Soester Straße 42

Aus der Markus-Gemeinde hervorgegangen, kam auch bei St. Thomas der „Hausarchitekt" Fritz Brandt zum Zug. Im Gegensatz zu anderen Architekten seiner Generation blieb Brandt einer traditionalistischen Architekturauffassung auch in den 60er Jahren treu. Das zeigt sich in einer Vielzahl handwerklich anspruchsvoller, manchmal etwas romantisch wirkender Details des Ziegelrohbaus. Die 1964 fertiggestellte Baugruppe besteht aus einer Kirche über einem annähernd quadratischen Grundriss, an die die Sakristei als eigenständiger Baukörper angefügt ist, an welchen wiederum der Turm anschließt. Später folgten weitere Gemeindebauten.

Die Komposition locker gefügter Volumina korrespondiert mit dem Kompositionsprinzip der Bauelemente: Großflächiges wird mit Kleinteiligem in ein Gleichgewicht gesetzt. Der von einem Emporenwinkel gefasste Innenraum fluchtet auf eine halbzylindrische Altarnische. Ein großes, von Georg Meistermann gestaltetes Altarfenster trägt zum lichten, durch die weiß gestrichenen Wände unterstützten Raumeindruck bei.

Sitzplätze ca. 250
Kunst und Ausstattung
Fenster: Georg Meistermann
Kreuz: Erich Brüggemann

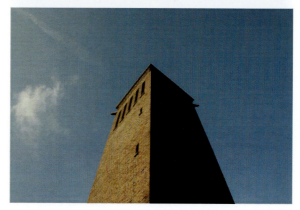

Abbildungen

- Eingangsfront
- Turmuntersicht

- Blick zum Altar
- Mauerdetail
- Fensterdetail

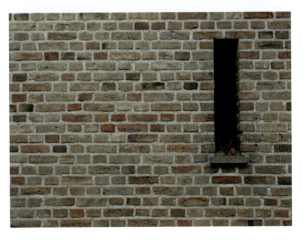

32

Interkonfessionelle Kapelle Klinikum Mitte

Architekt: Alfred Meister (Hochbauamt Bremen)
Eingeweiht am 21. Februar 1965
Östliche Vorstadt, St. Jürgen-Straße 1

Die Kirche auf dem Gelände der städtischen Krankenanstalten St. Jürgen-Straße war im Krieg zerstört worden. Der vom Hochbauamt unter Alfred Meister gestaltete Neubau, der abwechselnd den beiden großen Konfessionen zur Verfügung steht, bietet neben Sitzplätzen auch genügend Raum für Patienten, die in Fahrbetten dem Gottesdienst beiwohnen können.

Der luftige Glockenturm aus acht Betonspangen steht am Rand eines kleinen Vorplatzes, der zum überdachten Eingangsbereich überleitet. Von hier gelangt man rechts in den Sakralraum, zunächst in einen Vorraum mit Taufbecken und großem Bleiglasfenster mit Christophorus-Motiv. Hinter einer Glaswand beginnt der Hauptraum, der sich zum Altar hin konisch öffnet, was durch das ansteigende Dach unterstrichen wird. Der erhöhte, leicht eingerückte Altarbereich erhält durch zwei seitliche Fensterwände mit Betonlamellen Licht. Ein zweilagiger Fries mit winzigen Lichtöffnungen begleitet die beiden Seitenwände aus innen weiß gestrichenen Handstrichziegeln.

Sitzplätze 80
Kunst und Ausstattung
Fenster: Alfred Lichtenford

Abbildungen

- Die Kapelle im parkartigen Klinikgelände

- Blick vom Altar
- Die kleine Orgelempore
- Turmspitze
- Das Christophorus-Fenster

33

Evangelische St. Petri-Domkapelle

Architekten: Friedrich Schumacher und Claus Hübener, Bremen
Eingeweiht am 28. Februar 1965
Peterswerder, Osterdeich 70

Bis zur Stader Straße reicht das Gebiet der Domgemeinde. Um den am Rande lebenden Gemeindegliedern den weiten Weg in die Innenstadt zu ersparen, wurde von Dombaumeister Schumacher die Kapelle geschaffen. Der Bau ist etwas von der verkehrsreichen Straße abgerückt. Im westlich angefügten Turm befindet sich der Haupteingang. Sichtmauerwerk dominiert außen wie innen, außen beim Turm und bei den Einfassungen der Betonglasfenster mit Sichtbeton kombiniert, innen kombiniert mit dem Holz des offen gezeigten Dachtragwerks.

Man betritt den Sakralraum unter der Orgelempore. Er erhält fast ausschließlich Licht von der Südseite über ein hoch gelegenes Fensterband und eine Fensterwand beim Altar, der so besonders hervorgehoben wird. An der Nordseite ist das Dach weit heruntergezogen, hinter drei schlanken Holzstützen liegt ein offenes Seitenschiff mit quer zur Hauptrichtung angeordneten Bänken. Die Kapelle wurde, als Zeichen der Zusammengehörigkeit, auch mit Kunstschätzen des Doms ausgestattet.

Sitzplätze 120
Kunst und Ausstattung
Taufstein: Kurt Lettow
Betonglas: Klaus Wallner
Altarkreuz: Gerhard Marcks
Orgel: Fa. Beckerath

Abbildungen

- Straßenansicht 1965 und heute
- Blick zum Altar
- Loses Gestühl
- Abdeckung des Taufbeckens
- Blick zum Seitenschiff
- Der Aufgang zur Empore

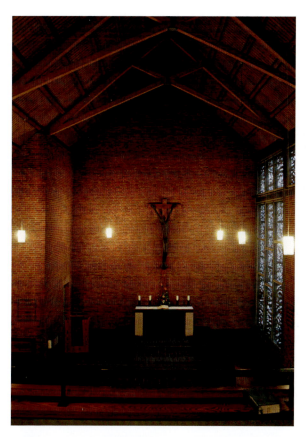

34

Evangelische St. Nikolai-Kirche

Architekt: Fritz Brandt, Bremen
Eingeweiht am 4. April 1965
Mahndorf, Mahndorfer Deich 48

Das lang gestreckte Grundstück für Kirche und Gemeindebauten, eingezwängt zwischen dem Mahndorfer Friedhof und der Stadtgrenze, bot nur die Möglichkeit einer linearen Anordnung. In der Mitte der Gebäudekette liegt die Kirche, ein Satteldachbau, an den seitlich das Gemeindehaus anschließt. Alle Häuser zeigen außen Klinker im lebhaften Farbenspiel. Der Kirchenfront gegenüber erhebt sich der Glockenturm. Sein Abstand zu den anderen Bauten ist zu groß, um einen wohlproportionierten Vorplatz entstehen zu lassen.

Das Kirchenportal, eine in der Mitte der Westfront platzierte, zweiflüglige weiße Tür, wird durch ein baldachinartiges Vordach hervorgehoben. Man betritt den Sakralraum unter einer Empore. Der einfach gestaltete, gerichtete Raum zeigt eine flache Holzdecke. Ein leicht konkaver bugartiger Abschluss der Altarwand setzt einen sublimen Akzent. Links neben der Altarzone erhebt sich eine kleine Orgelempore, der darunter angeordnete Taufplatz liegt um ein paar Stufen abgesenkt.

Sitzplätze ca. 290
Kunst und Ausstattung
Altarplastik: Günter Colberg
Orgel: Fa. Alfred Führer, Wilhelmshaven

Abbildungen

- Eingangsfront
- Blick zum Altar
- Fenster
- Die Altarplastik von Günter Colberg
- Turm

35

Evangelische Hohentorskirche

Architekten: Friedrich Schumacher und Claus Hübener, Bremen
Eingeweiht am 31. Oktober 1965
Neustadt, Hohentorsheerstraße 21

Der Neubau entstand an Stelle des im Krieg zerstörten Gotteshauses von 1932. Man betritt das sich an der Straße entlang ausbreitende Gelände der Gemeinde über einen Hof mit altem Baum, der an einen Kreuzgang erinnert. Rechts liegen die alten Gemeindebauten, links schließt die Westfassade der neuen Kirche mit seitlich eingeschobenem Glockenturm an. Der Eingang befindet sich in der Mitte unter einer hohen Fensterwand. Rechts liegt eine Traukapelle, geradeaus betritt man den Hauptraum unter der Orgelempore in der Achse des Gangs zwischen Haupt- und Seitenschiff der Halbbasilika.

Der Raum wird vor allem über das große Westfenster und eine Fenstergruppe im Obergaden belichtet. Ziegelsichtmauerwerk bestimmt den Bau innen wie außen; die Deckenuntersicht, die die Dachkontur nachzeichnet, ist weiß gestrichen. Markanter Blickpunkt in dem schlicht gehaltenen Sakralraum ist das später hinzugefügte Altarkreuz mit dem ausgestanzten Schriftzug: „Ich bin der Erste, der Letzte und der Lebendige".

Sitzplätze ca. 400
Kunst und Ausstattung
Fenster: Hermann Oetken
Nordfenster: Albrecht Kröning
Taufstein: Walter Wadephul
Orgel: Fa. Beckerath

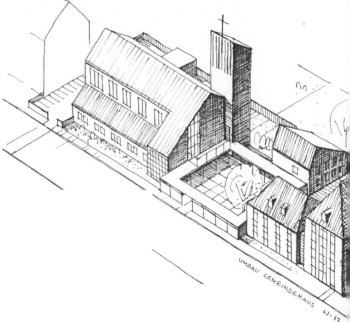

Abbildungen

- Straßenansicht
- Isometrie Gesamtanlage

- Blick zum Altar
- Blick zur Orgelempore
- Altarkreuz
- Fenster von Hermann Oetken

36

Katholische St. Willehad-Kirche

Architekt: Karlheinz Bargholz, Hamburg
Eingeweiht am 29. Januar 1966
Vegesack-Aumund, Diedrich-Steilen-Straße 66

Durch den Zustrom von Ostvertriebenen war die Gemeinde von 900 auf 3 500 Seelen angewachsen; die kleine Kirche von 1922 in unmittelbarer Nachbarschaft reichte nicht mehr aus, blieb aber als Gemeindehaus erhalten. Der Neubau basiert auf einem sich trapezförmig zum Altar verjüngenden Grundriss mit herausgeschobenem Chor. Vier Bankreihen haben in dem gerichteten Raum nebeneinander Platz, die äußeren rücken in die hohen Seitenschiffe der modernen Basilika.

Das herausstechende Merkmal des Bauwerks ist das von acht auf 16 Meter ansteigende Mittelschiffdach. Diese Form soll die Kirche als „Berg des Heils" symbolisieren. Während bei den Seitenschiffwänden und den angefügten Nebenbauten, wie Sakristei und Taufkapelle, außen eine dunkle Ziegelverkleidung dominiert, sind die Seitenflächen des ansteigenden Dachs vollständig in Glas aufgelöst, was den Sakralraum außergewöhnlich hell macht. In der geschlossenen Chorwand wird ein kleines Fenster mit dem Ewigen Licht hervorgehoben.

Sitzplätze 400
Kunst und Ausstattung
Innenraumgestaltung und Eingangsrelief: Wilhelm Keudel, Salzgitter
Orgel: Fa. Sauer (seit 2001)

Abbildungen

- Eingangsseite
- Altarwand als Turmersatz

- Der lichte Kirchenraum
- Das Fenster mit dem Ewigen Licht
- Altar mit dem Fenster für das Ewige Licht
- Untersicht Altarwand

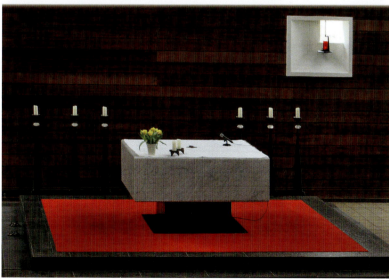

37

Matthias-Claudius-Kirche der Vereinigten Evangelischen Gemeinde Bremen-Neustadt

Architekt: Jan Noltenius, Bremen
Eingeweiht am 27. März 1966
Neustadt, Wilhelm-Raabe-Straße 1

Mit der Gartenstadt Süd entstand der Bedarf für die Gründung einer neuen Gemeinde und für den Bau eines Gemeindezentrums. In dem winkelförmigen Satteldachbau befinden sich im zweigeschossigen Ostflügel Gemeinderäume und die Küsterwohnung. Der andere Flügel nimmt den Sakralraum auf, der zugleich als Gemeindesaal dient. Der Gebäudewinkel fasst einen bepflanzten Vorhof ein, an dessen offener Ecke der Glockenturm steht – ein mit Ziegeln ausgefachtes Betonskelett mit holzverkleideter Glockenstube.

Aufgrund seiner Doppelfunktion ist der Hauptraum eher zurückhaltend gestaltet. Der erhöhten Altarzone mit bugförmiger Akustikwand gegenüber liegt die Orgelempore. Licht fällt durch große Fenster an den beiden Längsseiten. An der südöstlichen Fensterfront wurde von Albrecht Kröning das Motiv „Es werde Licht" künstlerisch gestaltet. Nach der Zusammenlegung mit den Kirchengemeinden Zion und St. Pauli wird das Gebäude zurzeit in ein Mehrgenerationenhaus mit dem Schwerpunkt Kinderbetreuung umgewandelt.

Sitzplätze 150
Kunst und Ausstattung
Altarbereich: Walter Wadephul
Fenster: Albrecht Kröning
Orgel: Fa. Alfred Führer, Wilhelmshaven

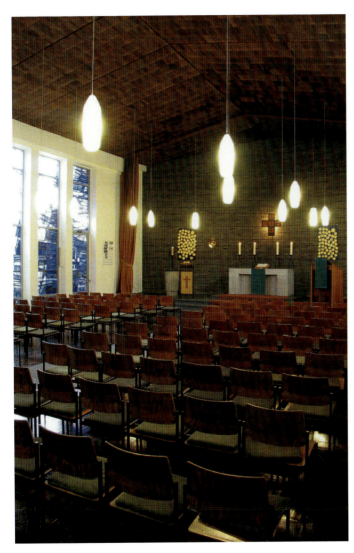

Abbildungen

- Turmuntersicht
- Glockenstube des Turms
- Altar

- Blick zum Altar
- Blick zur Orgelempore

38

Evangelische St. Matthäus-Kirche

Architekten: Hans Budde und Carsten Schröck, Bremen
Eingeweiht am 10. April 1966
Huchting, Hermannsburg 32

Kirche und Gemeindesaal sind in einem großen Baukörper aus Backstein zusammengefasst, der nach Westen ansteigt. In dem höheren Bereich befindet sich der Sakralraum, der einen quadratischen Grundriss besitzt. Er ist über die Diagonale zu seinem höchsten Punkt ausgerichtet, wo sich der Altar befindet. Die Diagonale wird durch einen mächtigen Dachträger aus Beton unterstrichen, der an seinem Hochpunkt mit dem ebenfalls in Beton gehaltenen niedrigen Glockenturm verschmilzt.

So entsteht an der Südwestecke ein dynamisch-expressives, an einen Schiffsbug erinnerndes Motiv. Auf der Rückseite findet der Dachträger in einem geschlossenen Innenhof seinen Fußpunkt. Um diesen Hof gruppieren sich die eingeschossigen Trakte des Gemeindezentrums. Am Fußpunkt des Trägers liegt ein Wasserbecken, in dem sich das Regenwasser vom Dach sammelt. In der Einflugschneise des Flughafens durfte kein hoher Turm errichtet werden. Der mächtige Dachträger darf als „liegender Turm" interpretiert werden.

Sitzplätze 300 (500 mit Gemeindesaal)
Kunst und Ausstattung:
Fenster: Erhart Mitzlaff
Orgel: Fa. Kleuker, Bielefeld

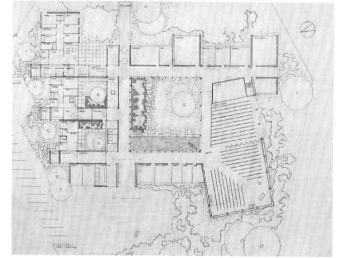

Abbildungen

- Blick auf den Sakralraum mit Turm und Dachträger
- Grundriss

- Blick zum Altar
- Der 2008 umgestaltete Hof
- Turm

39

Kapelle Waldfriedhof

Architekt: Bauamt Bremen Nord (Baurat Uhlhorn)
Eingeweiht am 10. August 1966
Blumenthal, Turnerstraße 201

Die Kapelle liegt auf einer leichten Anhöhe im Zentrum des Friedhofs. Östlich schließt ein flach gehaltener Flügel mit Nebengebäuden an. Der Sakralbau selbst zeigt eine außergewöhnliche formale Lösung, die auf einem raffinierten Aufbau aus sechs Dreiecksflächen über einem trapezförmigen Grundriss basiert.

Geht man axial auf den Eingang zu, hat man den Eindruck, vor einem Haus mit zum Boden heruntergezogenem Dach zu stehen. Doch der Seitenblick verrät: Die kupfergedeckten Dachflächen erweisen sich als auf der Spitze stehende Dreiecke, deren gegenüberliegende Seiten, die zusammen die Firstlinie der Kapelle bilden, vom Eingangsgiebel ausgehend ansteigen und auf der Rückseite einen schmaleren und steileren Giebel bilden. Zwischen den Dachdreiecken und dem rückwärtigen Giebel verlaufen zwei leicht nach innen geneigte dreieckige Sichtbetonwände. Der steile Giebel ist verglast. Er befindet sich im Rücken des Katafalks und bietet den Trauergästen einen beeindruckenden Blick in die Waldlandschaft.

Sitzplätze 70

Abbildungen

- Eingangsseite
- Blick zur Empore

- Entwurfszeichnung
- Rückfront
- Blick von der Empore

40

Katholische St. Benedikt-Kirche

Architekt: Karl-Heinz Bruns, Bremen
Eingeweiht am 29. Oktober 1966
Woltmershausen, Auf dem Bohnenkamp

Die Neubauten von Kirche und Gemeindehaus befinden sich auf einem schwierigen Grundstück an der spitzwinkligen Aufgabelung von Butjadinger Straße und Auf dem Bohnenkamp. Während das Gemeindehaus von der Butjadinger Straße zugänglich ist, wird die Kirche von der Nachbarstraße aus betreten. Der Zugang liegt in einem schmalen Verbindungsstück zwischen dem hoch aufragenden Glockenturm und der von der Straße zurückgesetzten Kirche. Mit gekapptem Satteldach und überwiegend geschlossenen Wandflächen aus weiß bekiestem Waschbeton wirkt diese eher hermetisch als einladend. Daran ändert auch ein gegiebelter Fenstererker mit vertikalen Rippen wenig.

Im Inneren erweist sich die Kirche als Halbbasilika, die im Seitenschiff und Obergaden an der straßenabgewandten Seite horizontale Bänder aus farbigem Betonglas hat. Der von außen sichtbare Fenstererker ist die Lichtquelle für den Altarbereich. Die Orgelempore an der Rückseite des gerichteten Raums und der Obergaden werden durch schlanke Stützen getragen.

Sitzplätze 200
Kunst und Ausstattung
Fenster: Günther Radloff, München
Orgel: Kreienbrink, Osnabrück

Abbildungen

- Außenansicht
- Innenraumimpressionen

41

Evangelische Philippus-Kirche

Architekten: Friedrich Schumacher und Claus Hübener, Bremen
Eingeweiht am 30. Oktober 1966
Gröpelingen, Seewenjestraße 92-98

Die Gemeindebauten – Kirche, Schwesternstation, Gemeindehaus und zwei Pfarrhäuser – liegen U-förmig um einen grünen Hof verteilt, der an seiner offenen Seite mit einer breiten Pergola gefasst wird. An diesen Laubengang schließt linear ein flacher Kirchenvorbau mit dem Hauptportal an. Er begleitet die ganze Frontseite der Kirche mit ihrem links weit heruntergezogenen Giebel, der hinter vertikalen Betonlamellen vollständig verglast ist. Der Vorbau schließt mit dem schlanken Glockenturm ab.

Vom Foyer aus betritt man den Hauptraum unter einer Orgelempore und steht in einem großen, nicht weiter untergliederten Raum mit offener Dachunteransicht, der eine spürbare Dynamik zum Altarbereich hin entwickelt. Man erkennt, dass die nördliche Seitenwand aus dem rechtwinkligen Aufbau ausbricht und den Raum zum Altar hin enger werden lässt, dabei aber zugleich von ihrem tiefsten Punkt auf das Traufenniveau der Südseite ansteigt. Es entsteht, durch die Lichtführung unterstützt, eine expressive Raumnote.

Im Jahr 2009 erfolgte die Umwandlung in eine „Jugendkirche".

Sitzplätze 450
Kunst und Ausstattung
Fenster: Heinz Lilienthal

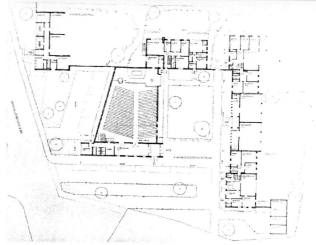

Abbildungen

- Außenansicht
- Grundriss

- Kirchenraumimpressionen

42

Evangelische Versöhnungskirche

Architekt: Gerhard Müller-Menckens, Bremen
Eingeweiht am 16. November 1966
Sebaldsbrück, Beim Sattelhof 2

Aus dem Zuschnitt des Grundstücks, einer spitz zulaufenden Fläche zwischen zwei Straßen, entwickelte der Architekt die Idee eines dreieckigen Kirchengrundrisses. Der Altar befindet sich im spitzesten Winkel der ungleichschenkligen Dreiecksform. Chor und Sakristei wurden seitlich angefügt. Abgeschlossen wird der Raum durch ein pyramidales Dach mit zwei steilen Flächen und einer flacher geneigten Fläche, an deren Spitze eine dreieckige Lichtöffnung entsteht. Innen wirkt die holzverschalte Dachkonstruktion durch ihre filigran hervortretenden Zugglieder.

Ein künstlerisch gestaltetes horizontales Lichtband zwischen Mauer und Dach sowie vertikale Lichtbänder in den Ecken tragen zur Raumwirkung bei. Auch der freigestellte Turm – durch ein gläsernes Foyer mit dem Kirchenraum verbunden – basiert auf einem Dreiecksgrundriss. Im Erdgeschoss nimmt er die Taufkapelle auf. Dominierendes Baumaterial ist der Ziegelstein, der im Innenraum weiß geschlämmt wurde.

Auf dem Grundstück befinden sich noch zwei vom selben Architekten entworfene Pastorenhäuser. Das 1955 gebaute Gemeindehaus (Architekt: Peter Ahlers) liegt rund 100 Meter entfernt an der Sebaldsbrücker Heerstraße.

Sitzplätze ca. 300
Kunst und Ausstattung
Keramikwand Eingangshalle: Annelott Höge
Lichtband: Ludwig Schaffrath
Kreuz: Klaus Luckey
Turmspitze: Gerhard Schreiter

Abbildungen

- Blick aus der Straße Beim Sattelhof
- Die Pyramidendachspitze mit dem Dreiecksfenster

- Blick zum Altar
- Das horizontale Band aus Betonglas
- Altarkreuz und Oberlicht
- Blick vom Altar

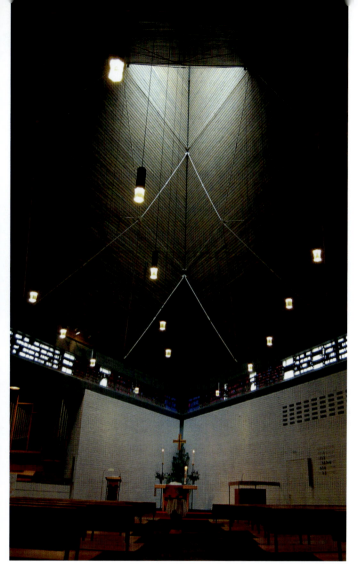

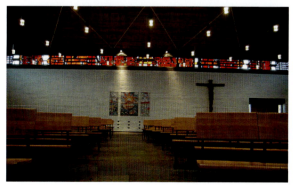

43

Evangelische St. Michaelis-Kirche

Architekten: Jerg Blanckenhorn und Gottfried Müller, Bremen
Eingeweiht am 27. November 1966
Mitte, Doventorsteinweg 51

Am Ort des 1944 zerstörten Vorgängerkirche erbaut, handelt es sich bereits um das vierte Kirchengebäude in der langen Geschichte der Gemeinde vor dem Doventor. Der moderne zeltartige Charakter des neuen Gotteshauses könnte als Reflex auf diese bewegte Gemeindegeschichte interpretiert werden: „Wir haben hier keine bleibende Stadt, sondern die zukünftige suchen wir."

Eine ungewöhnliche Dachkonstruktion aus zwei Dreiecksflächen, die nur auf zwei Fußpunkten auflagern, überdeckt den kompakten Sakralraum, der im Grundriss ein gestrecktes Sechseck zeigt. Auch die steil aufragenden Wandfelder aus niederländischen Handstrichziegeln, die den Altarbereich umfassen, basieren auf Dreiecksformen. Zwischen ihnen dringt indirektes Licht nach innen und setzt den Altar effektvoll in Szene. Während beim Baukörper Expressivität dominiert, herrscht innen ein überraschend intimer Raumeindruck vor. Die Orgelempore wird von der hölzernen Dachkonstruktion abgehängt. Durch eine versenkbare Wand lassen sich Kirchen- und Gemeinderaum zusammenlegen.

Sitzplätze 230
Kunst und Ausstattung
Fenster: Heinz Lilienthal
Kreuz, Altar und Kanzel: Ulrich Conrad
Orgel: Fa. Beckerath

Abbildungen

- Eingang und Außendetails
- Blick zur Orgelempore
- Der von Ulrich Conrad gestaltete Altarbereich
- Blick von der Orgelempore
- Schnitt

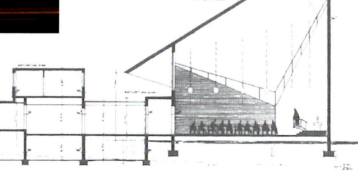

44

Evangelische Kirche Zum Heiligen Kreuz

Architekt: Hermann Brede, Bremen
Eingeweiht am 4. Dezember 1966
Ritterhude-Werschenrege, Werschenreger Straße 32

Die Lesumer St. Martini-Gemeinde umfasst auch einige Dörfer nördlich der Landesgrenze. Mit dem Ziel, näher an die dörflichen Gemeindemitglieder heranzurücken, entstanden ein kleines Gotteshaus, das später bauliche Erweiterungen erfuhr, und ein Friedhof. Das große Satteldach des Ziegelbaus nimmt Bezug auf den landschaftsprägenden Typus des niedersächsischen Bauernhauses. Der Turm in Sichtbeton – überragt von einem hohen Kreuz – ist in den Baukörper eingerückt.

Der gerichtete Kirchenraum zeigt einen offenen, von drei Schichtholzbindern strukturierten Dachstuhl. Man betritt den Raum von einem Vorraum neben dem Turm aus seitlich unter der Orgelempore und blickt durch die verglaste Südfront zunächst auf das parkartig gestaltete Außengelände mit dem Friedhof. Im Kircheninneren dominieren die Materialien Holz und Ziegelstein, letzterer in zum Teil ornamentaler und reliefartiger Vermauerung. Ein kleiner Gemeinderaum kann mittels einer Faltwand mit dem Kirchenraum zusammengeschlossen werden.

Später wurden an der Westseite weitere Gemeindebauten nach Entwürfen von Brede hinzugefügt – siehe auch den Beitrag „Das war damals eine Zeit des Umbruchs" in diesem Buch.

Sitzplätze 160
Kunst und Ausstattung
Kreuz, Taufschale und Kerzenständer: Claus Homfeld
Landschaftsgestaltung: Landschaftsarchitekt Weber

Abbildungen

- Ostansicht mit späterem Anbau
- Der Glockenturm, vom Efeu erobert

- Innenraumimpressionen

45

Methodistische Christuskirche

Architekt: William Weiss, Bremen
Eingeweiht am 11. Dezember 1966
Vegesack, Georg-Gleistein-Straße 1

Die Kirche liegt stadträumlich wirkungsvoll an einer Straßenkreuzung. Sichtbeton und Ziegelfelder dominieren das äußere Erscheinungsbild. Ein fahnenmastartiger Betonbalken mit Metallkreuz setzt an der Stirnwand ein sakrales Zeichen. Man betritt das Haus von einem kleinen Vorplatz aus in der Foyerzone zwischen der Kirche und dem Wohnhaus mit Pfarrer- und Küsterwohnung. Rechts gelangt man in den ein paar Stufen tiefer gelegenen Gemeindesaal. Links führt eine geschwungene Treppe ins obere Foyer, wo ein Oberlicht und vertikale Fensterschlitze aus farbigem Glas eine eher gedämpfte Lichtstimmung erzeugen.

Im Gegensatz dazu ist der Sakralraum, den man von hier aus erreicht, sehr hell. Seine Grundform basiert auf einem gestreckten Sechseck. In den Ecken liegen vertikale Fensterbänder. Über der Mittelachse steigt ein Pultdach zum Altar hin an. Seine Seitenflächen sind verglast. Weiße Wände und Holz an Decke und Boden bestimmen den Raumcharakter. Die kühn auskragende Orgelempore setzt einen Akzent.

Sitzplätze: ca. 100

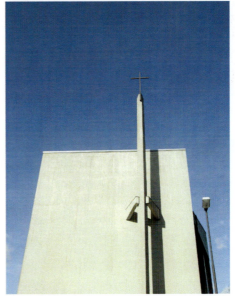

Abbildungen

- Blick aus der Georg-Gleistein-Straße
- Sakrales Zeichen an der Stirnwand

- Blick zum Altar
- Belichtung über den Obergaden und vertikale Fensterbänder

46

St. Pauli-Kirche der Vereinigten Evangelischen Gemeinde Bremen-Neustadt

Architekt: Jan Noltenius, Bremen
Eingeweiht am 19. Februar 1967
Neustadt, Große Krankenstraße 11

Die Neustädter Hauptkirche an der Osterstraße war im Zweiten Weltkrieg zerstört worden. Die Neuansiedlung erfolgte rund 100 Meter weiter westlich an der Schmalseite des Neuen Marktes. Vor dem Kirchenneubau waren in den 50er Jahren vom selben Architekten bereits Pfarrhaus, Gemeindehaus und Kindergarten gebaut worden.

Die Kirche schließt direkt an das Gemeindehaus an. Den Übergang betont ein schlanker Glockenturm, der über eine gläserne Bücke mit der Kirchenempore verbunden ist. Die Form des Sakralbaus basiert auf einer rechteckigen Grundform mit Satteldach, die durch bugartige Ausbuchtungen der beiden Stirnseiten und Abfasungen der Ecken in ein unregelmäßiges Vieleck verwandelt wird. Das Hauptportal im hinteren seitlichen Bereich ist zum Neuen Markt ausgerichtet. Die Symmetrie des Innenraums wird durch das Altarfenster und durch eine Seitenkapelle aufgelockert. Große seitliche Fensterwände und die weiß gestrichenen Ziegelwände erzeugen eine lichte Raumstimmung.

Sitzplätze 280
Kunst und Ausstattung
Betonglasfenster: Albrecht Kröning
Taufbecken: Walter Wadephul
Orgel: Fa. Kleuker, Bielefeld

Abbildungen

- Blick vom Neuen Markt
- Turm
- Altarfenster

- Innenraumimpressionen

47

Dreifaltigkeitskirche der evangelischen Kirchengemeinde in der Neuen Vahr

Architekt: Peter Ahlers, Bremen
Eingeweiht am 10. Dezember 1967
Vahr, Geschwister-Scholl-Straße 136

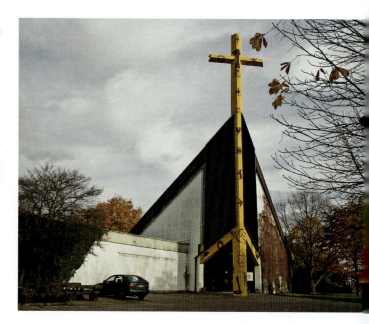

Der Kirchengrundriss basiert auf einem dreieckigen Aufbau: eine symbolische Anspielung auf den Namen des Gotteshauses. Der Turm mit aufragendem Betonkreuz ist in die Gesamtform eingeschlossen. Im Turm befindet sich das Auflager der vier Hauptbalken des Kirchendaches, die, fächerförmig angeordnet, an ihren gegenüberliegenden Enden auf fast ebenerdige Einzelfundamente treffen. So entsteht ein zeltartiger Kirchenraum, an dessen niedrigster Seite die Altarzone liegt. Diese ist durch versetzt gestellte Wände ebenfalls dreigeteilt. Die blau bezogenen Bankreihen sind entsprechend auf Kanzel, Altar und Taufbecken hin orientiert.

Unter dem Turmkreuz befindet sich das Hauptportal. Der Unterraum der Orgelempore dient als Foyer. Ein mit farbigem Glas gestaltetes Fensterband zwischen Außenwand und Dach als Hauptlichtquelle sorgt für eine eher gedeckte Lichtstimmung. Das Gemeindezentrum schließt im Westen direkt an die Kirche an. Mittels einer Faltwand lässt sich der Gemeindesaal in den Kirchenraum einbeziehen.

Sitzplätze 280
Kunst und Ausstattung
Fenster: Georg Höge
Altarwand: Paul Halbhuber
Orgel: Fa. Kleuker, Bielefeld

Abbildungen

- Straßenansicht mit inzwischen gelb gestrichenem Betonkreuz
- Ansichtszeichnung von Ost
- Kirchenraumimpressionen

48

Evangelisch-lutherische St. Magni-Kirche

Architekt: Eberhard Gildemeister, Bremen
Eingeweiht am 17. Dezember 1967
St. Magnus, Unter den Linden 24

Die Anlage besteht aus drei Bauwerken, dem freistehenden Glockenturm, der Kirche und den Gemeinderäumen. Der Turm weist zur Straße. Als 34 Meter hoher Obelisk aus durchbrochenem Sichtbeton setzt er ein deutliches Signal. Der Weg in die Kirche führt unter dem Turm hindurch.

Die Kirche selbst zeigt mit ihrem weit heruntergezogenen Dach und dem Backsteinmauerwerk an den Stirnseiten Anklänge an regionale Bautypen. Mit einigen überraschenden Details, wie den kreisrunden Oberlichtern in der Dachfläche, setzt der Architekt zugleich höchst individuelle Akzente, die beim Turm sogar eine expressive Note erhalten. Ein Gitterwerk aus Betonlamellen bestimmt die beiden Längsseiten der Kirche und verleiht dem Innenraum eine geheimnisvolle Lichtstimmung, während der erhöhte Altarbereich über ein durchgehendes Lichtband in der Dachfläche optisch hervorgehoben wird. Das Gemeindehaus umgrenzt mit der Kirche einen beschaulichen Hof, dessen offene Seiten durch Pergolen gefasst sind. Das Gebäude steht unter Denkmalschutz.

Sitzplätze 240
Kunst und Ausstattung
Fenster: Hausmann, Hamburg
Taufstein: Bochringer-Gildemeister
Orgel: Fa. Karl Schuke, Berlin

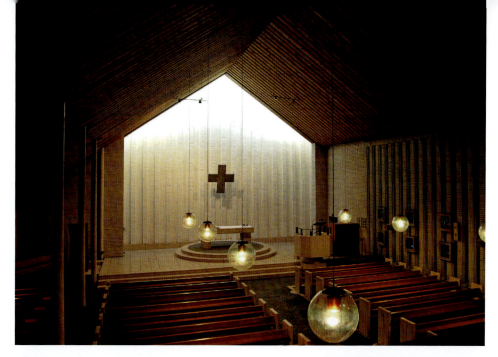

Abbildungen

- Ansicht von Westen
- Turmuntersicht
- Grundriss

- Kirchenraumimpressionen

49

Evangelische Andreas-Kirche

Architekt: Peter Ahlers, Bremen
Eingeweiht am 2. Juni 1968
Horn-Lehe, Werner-von-Siemens-Straße 55

Turm, Kirche und Gemeindezentrum umranden eine große Freifläche, die Kirchenvorplatz und Parkplatz in einem ist. Die Kirche tritt in der homogen erscheinenden Baugruppe durch ihr markantes kupferverkleidetes Dach hervor: eine achteckige Trägerkonstruktion, die nur auf zwei Wandscheiben aufliegt und durch weite Auskragungen einen „schwebenden" Eindruck vermittelt.

Unter der Trauflinie des Dachs verläuft ein Fensterband, das fast ausschließlich der Belichtung der Kirche dient. Lediglich eine zurückgesetzte Wandscheibe hinter dem Altar lässt zudem Seitenlicht ein. Auf die üblichen Buntverglasungen wurde verzichtet, schlichte weiße Kalksandsteinwände unterstreichen, ebenso wie helle Holzverkleidungen, einen klaren, lichten Raumeindruck. Die Altarnische wird durch eine Kreuz-Gruppe zurückhaltend, aber wirkungsvoll betont. Auch der freistehende Glockenturm, eine einfache Stahlbeton-Doppelsäule, deutet eine Kreuzform an. Der Gemeindesaal lässt sich durch eine Faltwand zum Kirchenraum öffnen. Der Unterraum der Orgelempore ist als separate Begegnungsstätte nutzbar.

Sitzplätze 294
Kunst und Ausstattung
Orgel: Fa. Alfred Führer, Wilhelmshaven

Abbildungen

- Auf dem Foto aus der Einweihungszeit ist noch die alte Notkirche zu erkennen
- Altarwand von außen mit Betonrelief

- Turmuntersicht
- Das Lichtband
- Blick vom Altar
- Blick zum Altar

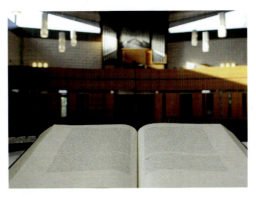

50

Evangelische Melanchthon-Kirche

Architekt: Heinz Lehnhoff, Bremen
Eingeweiht am 27. Oktober 1968
Osterholz, Osterholzer Heerstraße 124

Der Neubau ersetzte die in der NS-Zeit gebaute „Dankeskirche" (Architekt: Heinz Logemann), die für die Gemeinde in dem stark anwachsenden Stadtteil zu klein geworden war. Die Kirche zeigt ein weit heruntergezogenes Satteldach, das an die Typologie niedersächsischer Bauerhäuser erinnert. Abweichend von diesem einfachen Prinzip verjüngen sich Raumbreite und Raumhöhe zum Altar hin.

Der Innenraum wird durch das Stakkato der Betonbinder geprägt. Hauptbelichtungsquellen sind der Eingangsgiebel, der mit einem dreiteiligen Fenster ausgestattet ist, auf welchem künstlerisch die Geschichte des Melanchthon thematisiert wird, sowie ein seitliches Altarfenster. Dieses befindet sich in einem Erker, dessen steiler Giebel das Dachmotiv des Hauptraums aufnimmt. Der Erker dient auch als Taufkapelle. In den niedrigen Wandbereichen findet man zudem Arbeiten in Betonglas, die, wie die anderen künstlerischen Arbeiten in Glas, von Albrecht Krönings stammen. Die Hauptmaterialen der Kirche – Beton und Schiefer – werden auch bei dem 34 Meter hohen freistehenden Glockenturm aufgenommen.

Sitzplätze 280
Kunst und Ausstattung
Fenster: Albrecht Kröning
Orgel: Fa. Alfred Führer, Wilhelmshaven

Abbildungen

- Ansicht von Süden
- Turm

- Blick zum Altar
- Betonglasarbeit von Albrecht Kröning
- Die Taufkapelle

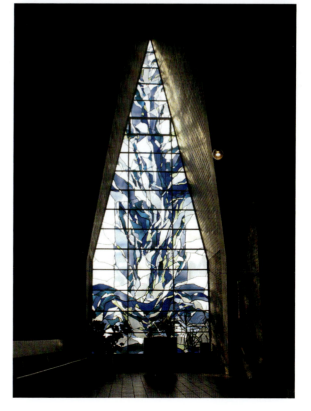

51

Katholische St. Ursula-Kirche

Architekt: Karl-Heinz Bruns, Bremen
Eingeweiht am 10. November 1968
Schwachhausen, Schwachhauser Heerstraße 166

Mit 500 Plätzen ist St. Ursula Bremens größte katholische Kirche. Der Bau beruht auf einem griechischen Kreuz, sichtbar in zwei sich durchschneidenden Satteldächern. Der Unterraum weicht aber von dem traditionellen Schema von Haupt- und Querschiff ab, indem die dreieckigen Zwickel Teile des Innenraums werden, so dass dieser einen achteckigen Umriss erhält. Lediglich die Eingangsgiebel tritt um rund vier Meter aus dem Oktogon hervor. Innen sorgen im Deckenbereich abgewalmte Dachflächen im Wechsel mit den Untersichten der Satteldächer – beide holzverschalt – für einen reizvollen zeltartigen Raumeindruck.

Dem so geschaffenen Zentralraum entspricht der zur Mitte orientierte Altarbereich. Während der Altargiebel geschlossen ist, sind die drei anderen Giebel zwischen vertikalen Betonlamellen großzügig geöffnet. In der Buntverglasung von Günther Radloff überwiegen Blautöne. Fensterbänder unter den Walmtraufen in gleicher Farbgestaltung unterstreichen den homogenen Raumeindruck. Der ursprünglich geplante Campanile wurde nicht gebaut. Ein später hinzugefügter Dachreiter im Schnittpunkt der Firstlinien dient der Dachbelüftung.

Sitzplätze 550
Kunst und Ausstattung
Holzplastik St. Ursula um 1500
Holzplastik Madonna mit dem Kinde um 1700
Fenster: Günther Radloff
Altar: Werkstätten der Benediktinerabtei Maria Laach
Orgel: Fa. Alfred Führer, Wilhelmshaven

Abbildungen

- Historisches Foto, noch ohne Dachreiter
- Blick von der Schwachhauser Heerstraße
- Kirchenraumimpressionen

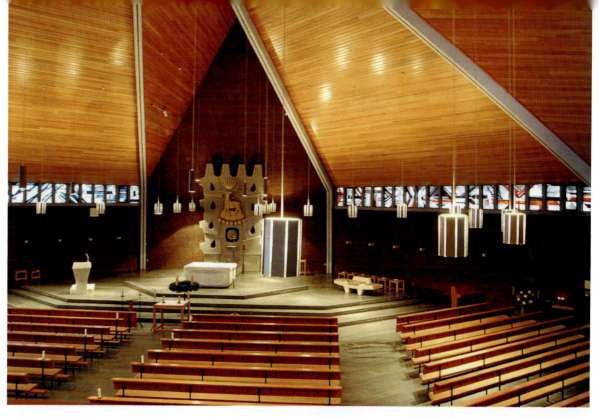

52

Feierhalle Friedhof Huckelriede

Architekt: Gerhard Müller-Menckens, Bremen
Eingeweiht am 22. Januar 1969
Huckelriede, Habenhauser Landstraße

Der in den 1950er Jahren mit Aushub aus dem benachbarten Werdersee neu angelegte Friedhof erhielt Ende der 1960er Jahre seine Hochbauten. Sie bestehen aus vier Einheiten, die sich räumlich und funktional aufeinander beziehen: Eingangsbereich, Vorhalle, Feierhalle und Krematorium.

Die Feierhalle im Zentrum der Anlage ist nur auf indirektem Wege zu erreichen. Der Trauergast wird, vom Haupteingang kommend, über eine Vorhalle und durch einen schmalen, nur von oben belichteten Gang geleitet, der auf einem großen, von einer zwei Meter hohen Mauer eingefassten Areal endet: dem so genannten Stillen Feld. Die Feierhalle wird im diagonal entgegengesetzten Teil des Feldes sichtbar und wirkt zunächst wie ein geschlossener Block. Erst im Inneren der Halle kommt die Transparenz der großflächig verglasten Längsseiten zwischen den Stahlbetonbindern, die das Dach tragen, deutlich zu Geltung – die Einfriedung des Stillen Feldes wird hier zum erweiterten Raumabschluss.

Sitzplätze ca. 250
Kunst und Ausstattung
Stelen „Stilles Feld": Paul Halbhuber
Bronzene Pforte: Klaus Luckey
Landschaftsgestaltung: Gartenbaudirektor Erich Ahlers

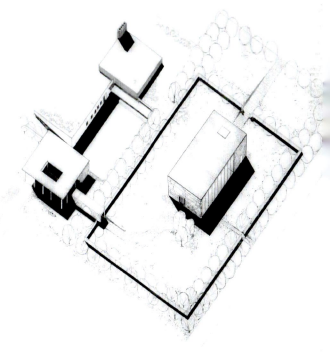

Abbildungen

- Der Ausgang an der Nordseite
- Das „Stille Feld"

- Zugang zur Trauerhalle
- Die Stelen von Paul Halbhuber
- Die Isometrie zeigt das Ensemble mit Vorhalle, „Stillem Feld" und Feuerhalle sowie dem Krematorium

53

Kirche Ellener Brok in der evangelischen Trinitatisgemeinde

Architekt: Hermann Brede, Bremen
Eingeweiht am 25. Mai 1969
Osterholz, Graubündener Straße 12

Sichtbeton ist das dominierende Material der Bauanlage, die sich auf dem schmalen und tiefen Grundstück entlang der östlichen Längsseite entwickelt. In ein- und zweigeschossigen Trakten befinden sich diverse Gruppenräume für Jugendliche und Alte, ein Kindergarten sowie Wohnungen. Die Kirche schließt im hinteren Bereich an diese Bauten seitlich an. Zusammen mit einer konischen Wandscheibe mit angehängtem Glockenkasten als Campanile definiert sie einen kleinen Vorplatz.

Hier befindet sich der Haupteingang zur Kirche und zum Gemeindezentrum. Das großzügige Foyer kann im Bedarfsfall mit Hilfe von Schiebewänden zum Kirchenraum geöffnet werden. Dieser basiert auf einem trapezförmigen Grundriss, der zur Altarwand hin fluchtet. Durch Seitenlicht wird das Relief dieser von Heinz Lilienthal gestalteten Wand hervorgehoben. Die Holzkassetten der Decke sind ebenfalls stark reliefiert und bilden wie die Bänke einen angenehmen Materialkontrast zum Sichtbeton. Der große Gemeindesaal liegt unter dem Kirchenraum.

Siehe auch den Beitrag „Das war damals eine Zeit des Umbruchs" in diesem Buch.

Sitzplätze 180
Kunst und Ausstattung
Altarwand: Heinz Lilienthal
Leuchter, Kollektenbüchse und Taufschale: Klaus Homfeld

Abbildungen

- Straßenansicht
- Sichtbeton begrünt

- Blick zum Altar
- Impressionen
- Die Holzdecke

54

Katholische St. Elisabeth-Kirche

Architekt: Ewald Brune, Bremen
Eingeweiht am 1. Juni 1969
Hastedt, Suhrfeldstraße 161

Der Neubau entstand in der Nähe des Vorgängerbaus aus dem Jahr 1930, der beim letzten Luftangriff auf Bremen zerstört worden war. Das Bauwerk besitzt eine ungewöhnliche „freie" Form. Seine Außenhaut besteht aus steinmetzmäßig bearbeitetem Sichtbeton. Vom Kirchenportal als niedrigstem Punkt steigen die Wände rechts und links über einem unregelmäßigen Umriss stetig an und lassen an ihren Hochpunkten Platz für einen Fensterschlitz. Durch diesen erhält der Altarbereich innen Licht. Die Sakristei ist als niedriger Baukörper angefügt

Der innere Aufbau folgt den Empfehlungen des Zweiten Vatikanischen Konzils. Durch die halbrunde Anordnung der Bänke entsteht eine enge Verbindung zwischen Priester und Gläubigen. Die Wände sind innen mit einem weiß gestrichenen Verputz ausgeführt. Das unregelmäßig zum Altar ansteigende Dach bietet eine interessante Untersicht. Ein geplanter Glockenturm über dreieckigem Grundriss wurde nicht realisiert, lediglich eine kleine, ebenerdige Glockenstube kam zur Ausführung.

Sitzplätze 200
Kunst und Ausstattung
Kreuzweg: F. Brandenburg
Orgel: Fa. J. Klais, Bonn

Abbildungen

- Die Außenhaut besteht aus bearbeitetem Sichtbeton
- Kirchenraumimpressionen

55

Evangelische Söderblom-Kirche

Architekt: Harald Kruschewsky, Bremen
Eingeweiht am 5. Oktober 1969
Burgdamm, Stockholmer Straße 40-46

Das Gemeindezentrum liegt am Westende des Anfang der 1960er Jahre gebauten neuen Stadtteils Marßeler Feld und ist mit einer Brücke über die Autobahn gut an ein weiter westlich gelegenes Gebiet angebunden, in dem sich in der Nachkriegszeit viele Flüchtlinge angesiedelt hatten. Gemessen an der politisch bewegten Entstehungszeit des Bauwerks ist sein architektonisches Grundkonzept eher traditionell ausgerichtet: Gemeindebauten und Kirche sind um einen streng gefassten rechteckigen Hofraum gruppiert; die Kirche selbst ist als gerichteter Raum konzipiert.

Der kubische, mit dunklen Klinkern verblendete Kirchenbaukörper wird durch einen angefügten Glockenturm und den plastisch herausgehobenen Altarbereich gegliedert. Ein gläsernes Foyer unterschneidet zudem den Kubus. Über dem Foyer liegt die Empore. Auch der Innenraum ist mit dunklen Klinkern verkleidet. Durch ein Oberlicht wird die Altarzone optisch herausgehoben. Die künstlerische Arbeit des Ziegelreliefs an der Altarrückwand hat einen expressionistischen Zug.

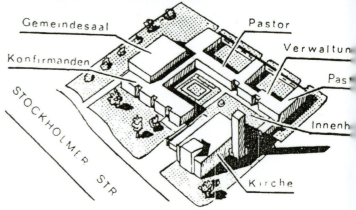

Sitzplätze 260
Kunst und Ausstattung
Relief: Erich Brüggemann
Orgel: Fa. Alfred Führer, Wilhelmshaven

Abbildungen

- Das gläserne Foyer schiebt sich unter den Baukörper
- Schaubild der Gesamtanlage

- Blick zum Altar
- Blick zur Orgelempore
- Foyer

56
Katholische St. Josef-Kirche

Architekt: Karl-Heinz Bruns, Bremen
Eingeweiht am 21. Dezember 1967
Oslebshausen, Alter Heerweg 37

Die Kirche ist ein gutes Beispiel für den Zentralraumgedanken im katholischen Kirchenbau, der nach dem Zweiten Vatikanischen Konzil an Bedeutung gewann. Wenn auch der ursprünglich Plan, den Altarbereich von drei Seiten mit Bankreihen einzufassen, nicht realisiert wurde, so ist der Altar doch deutlich ins Raumzentrum gerückt. Die Bänke stehen nun in halbkreisförmiger Anordnung.

Die Raumidee basiert auf der Abstraktion einer Vierung. Der Grundriss ist quadratisch. Das Prinzip zweier sich durchdringender Satteldächer wird dadurch variiert, dass sich die Firstlinien zur Mitte neigen. Der zeltartige Raumeindruck wird noch durch ein auf- und absteigendes Fensterband gesteigert, das zwischen Giebelfeldern und Dach verläuft. Es verleiht dem Dach einen leichten, schwebenden Charakter. Das vorgesetzte Doppelportal umschließt eine Taufkapelle. Die Orgelempore ist als leicht wirkender Einbau in den Raum gestellt. Von der topografisch reizvollen Gesamtanlage wurden nur Teile verwirklicht.

Siehe auch den Beitrag „Man muss seine eigene Haltung finden" in diesem Buch.

Sitzplätze 260
Kunst und Ausstattung
Fenster: Günther Radloff
Altar: Werkstatt des Benediktinerklosters Maria Laach
Orgel: Fa. Kreienbrink, Osnabrück

Abbildungen

- Anstieg zur Kirchendüne
- Das Doppelportal mit dem Betonglasfenster der Taufkapelle
- Kirchenraumimpressionen Turm

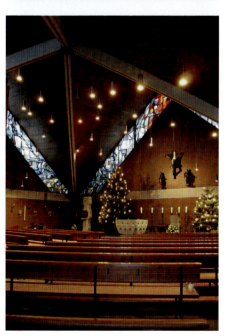

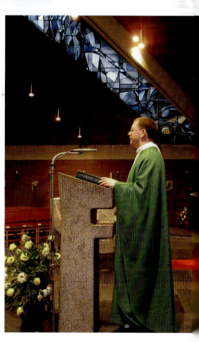

57

Evangelische Dietrich-Bonhoeffer-Gemeinde

Architekt: Carsten Schröck, Bremen
Eingeweiht am 5. November 1971
Huchting, Luxemburger Straße 29

Das Dietrich-Bonhoeffer-Gemeindezentrum steht für die seinerzeit verbreitete Haltung einer „Entsakralisierung" des Kirchenbaus. Auf einen Turm wurde bewusst verzichtet. Die zeltartige Anmutung der Seilnetzkonstruktion versinnbildlicht eine offene, an den konkreten Bedürfnissen der Menschen ansetzende Gemeindearbeit. In seiner durch banale Miethauszeilen geprägten Umgebung wirkt die Gestalt des Gebäudes, ein unsymmetrisches organisches Gebilde, geradezu provozierend. Die Konstruktion wurde in Zusammenarbeit mit dem bekannten Tragwerksplaner Frei Otto entwickelt, der sich durch den Deutschen Expo-Pavillon in Montreal (1967) und die Zeltdächer im Münchner Olympiapark (1972) einen Namen gemacht hatte.

Anders als bei der sieben Jahre zuvor gebauten St. Lukas-Kirche in Grolland vom selben Architekten ist das Seilnetz nur auf das Dach beschränkt, was am Übergang von Wand und Dach zu konstruktiv problematischen Anschlusspunkten führt. Das Zeltdach hängt von zwei hohen Betonpfeilern herab und wird über drei niedrige Pfeiler „gespannt". Darunter befindet sich der fünfeckige Hauptraum, der als Sakral- und Gemeinderaum genutzt werden soll. Niedrig und um einen Hof gruppiert schließen die anderen Bauten des Zentrums an.

Durch eine spätere bauliche Erweiterung des Gemeindezentrums (Architekt: William Weiss) wurde die plastische Wirkung des Kirchenbaus beeinträchtigt.

Sitzplätze ca. 150

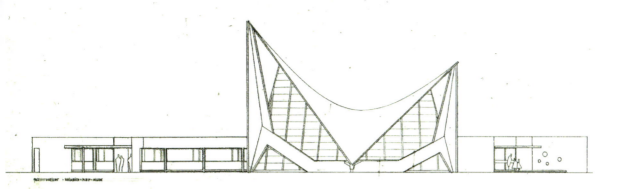

Abbildungen

- Aus jedem Blickwinkel anders: das expressive Seilnetzdach

- Ansicht Heinrich-Plett-Allee
- Blick zum Altar
- Ein aufragender Pfeiler
- Blick zur Empore

58

Gemeindezentrum Blockdiek in der evangelischen Trinitatisgemeinde

Architekt: Otto Andersen, Meldorf
Eingeweiht am 28. November 1971
Blockdiek, Günther-Hafemann-Straße 44

Über dem Flachbau des Gemeindezentrums erhebt sich im Obergeschoss der Kirchenraum unter einem großen zeltartigen Satteldach mit einer steiler und einer flacher geneigten Seite. Die markante Dachform macht durch ihre zeichenhafte Wirkung im Stadtteil einen Glockenturm überflüssig. Der Westgiebel ist vollständig verglast. Aufgrund der äußerlichen Verspiegelung dieses Fensterdreiecks, der einzigen Lichtquelle des Kirchenraums, ist ein Blick von innen auf den Stadtteil, aber kein Blick von außen nach innen möglich.

Der gegenüberliegende Altargiebel ist geschlossen. Durch eine bugartige Ausbuchtung dieser Wand nach außen erhält die leicht erhöhte Altarzone eine besondere Fassung. Während die Altarwand innen mit gelblichen Ziegeln verkleidet ist, zeigt sie außen Sichtbeton. Mit seiner einfachen variablen Bestuhlung, dem Parkettboden und den holzverkleideten Dachflächen sowie der in Sichtbeton gehaltenen seitlichen Orgelempore besitzt der Kirchenraum eine sachlich-moderne, doch nicht kalte Atmosphäre.

Sitzplätze 150

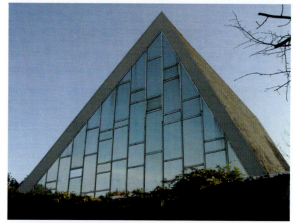

Abbildungen

- Spielplatz an der Rückseite des Sakralraums
- Eingangsgiebel, verspiegeltes Glas verhindert den Blick nach innen

- Der Blick aus dem Sakralraum auf den Stadtteil
- Die seitlich gelegene Orgelempore
- Blick zum Altar

59

Evangelische St. Johannes-Kirche

Architekten: Friedrich Schumacher und Claus Hübener, Bremen
Eingeweiht am 26. März 1972
Huchting, Am Sodenmatt 28-34

Kirche und Gemeinderäume sind um einen Innenhof gruppiert. Der Sakralbau sticht mit seinem Satteldach aus der Gruppe der Flachdachbauten heraus. Das Dach ist an der Westseite weit heruntergezogen. Am Südgiebel wird in der Verlängerung der Dachschräge ein bescheidener Glockenturm entwickelt. Die sichtbar gelassene konstruktive Struktur aus Beton und Ziegelausfachungen bestimmen das Erscheinungsbild.

Die holzverschalte Dachschräge prägt auch den Sakralraum. Während sich der Hauptraum der Halbbasilika symmetrisch unter dem First erstreckt, sind in dem Seitenschiff unter dem heruntergezogenen Dach eine Abendmahls-Kapelle und eine um zwei Stufen abgesenkte Taufkapelle untergebracht. Eine gerüstartige Struktur aus Betonbalken erzielt ein ausgewogenes Verhältnis von Trennung und Transparenz zwischen Haupt- und Seitenschiff. Der Gemeindesaal ist zugleich als Kirchenfoyer, als eine „Halle der Begegnung", angelegt und kann zu besonderen Anlässen als Erweiterung des Kirchenraums genutzt werden.

Sitzplätze 113
Kunst und Ausstattung
Seitenfenster und Fenster der Kapelle: Hermann Oetken
Eingangsrelief und Altarfenster: Albrecht Kröning
Orgel: Fa. Alfred Führer, Wilhelmshaven

Abbildungen

- Ansicht mit dem kleinen Glockenturm
- Grundriss

- Blick zum Altar
- In der „Halle der Begegnung"
- Blick von der Abendmahls-Kapelle in die Taufkapelle

60

Evangelische Jona-Kirche

Architekt: William Weiss, Bremen
Eingeweiht am 10. Dezember 1972
Vahr, Eislebener Straße 58

Als letztes Bebauungsgebiet des Neubaustadtteils Vahr entstand Anfang der 60er Jahre das „Kurfürstenviertel" und mit ihm die Jona-Gemeinde. Wie bei anderen Gemeindezentren aus dieser Zeit wurde auch hier auf eine „sakrale Ausstrahlung", auf klassische äußerliche Kirchenmerkmale verzichtet. Der Zweck ist dem Bauwerk in der Tat von außen schwerlich anzusehen.

Die kubisch gegliederte Anlage gruppiert sich um einen Lichthof und um einen höheren Zentralraum, den „Marktplatz", der vom Gottesdienst bis zum Gemeindefest flexibel genutzt werden kann. Entsprechend der urbanen Metapher eines „Platzes" für das Zentrum des Gebäudes, werden auch die Flure als kommunikative Orte, als „Straßen" definiert. Das wird durch die Breite der Flure und durch angrenzende Nischen unterstrichen, die sich als Orte der Begegnung eignen. Als ein besonderer „Ort der Stille" dient die Taufkapelle mit einer künstlerisch gestalteten Lichtkuppel. Der Anspruch eines „Hauses der offenen Tür" ist mit dem eher abweisenden äußeren Erscheinungsbild nicht gerade leicht in Einklang zu bringen.

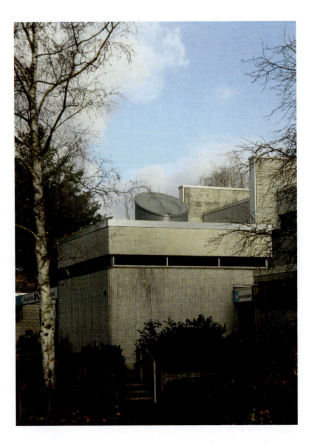

Sitzplätze ca. 80
Kunst und Ausstattung
Keramik: Heide Weichberger

Abbildungen

- Straßenansicht der Taufkapelle
- Schnitt
- Taufkapelle
- „Marktplatz"
- Die Lichtkuppel in der Taufkapelle
- Glaskunst im Flurbereich

61

Katholische St.-Birgitta-Kirche

Architekt: Veit Heckrott, Bremen
Eingeweiht am 13. Dezember 1972
Burglesum, Göteborger Straße 34

Die Kirche mit Gemeindezentrum für die etwa 2 000 katholischen Gläubigen aus Marßel, Burgdamm und Ritterhude entstand am Rande der Neubausiedlung Marßeler Feld. Man betritt die Anlage über einen kleinen Hof, der durch das Pfarrhaus, das Gemeindezentrum und die Kirche gefasst wird. Ein ursprünglich geplanter freistehender Glockenturm wurde nicht realisiert.

Die Kirche übernimmt und variiert mit ihrem signifikanten schieferverkleideten Dach das kubische Grundmotiv des benachbarten Altenwohnheims vom selben Architekten – unterstreicht jedoch zugleich ihre Sonderstellung als herausgehobenes Bauwerk. Mit den Seitenkapellen und dem Obergaden wird innen eine moderne Interpretation des Bautypus Basilika als Zentralraum erkennbar. Der architektonische Reiz entsteht durch die Überlagerung von Raumfiguren wie der rechteckigen Grundform, dem achteckigen Kranz mit Pfeilern und Balken aus Sichtbeton im Zentrum und der darauf gesetzten verkanteten Dachpyramide mit den geknickten Dreiecksfeldern des Obergadens.

Die Kirche wie das angrenzende Altenwohnheim wurden 1974 mit dem BDA-Preis Bremen ausgezeichnet.

Sitzplätze 262
Kunst und Ausstattung
Altarbereich: Paul Brandenburg, Berlin
Buntverglasung und Muttergottesstatue: Heinrich-Gerhard Bücker
Doppelbild „Dialog": Alke Lübs, Hildesheim
Orgel: Fa. Ahlhorn, Ditzingen-Heimerdingen

Abbildungen

- Die markante verkantete Dachpyramide
- Ein stählernes Kreuz, dort, wo der Glockenturm stehen sollte.
- Impressionen aus dem Kirchenraum

62

Evangelisches Gemeindezentrum Lüssum

Architekt: Carsten Schröck, Bremen
Eingeweiht am 24. Juni 1973
Blumenthal-Lüssum, Neuenkirchener Weg 32

Das Gebäude ist das Gotteshaus mit der wohl geringsten sakralen Anmutung unter den bremischen Sakralbauten nach dem Zweiten Weltkrieg. Am Rande eines Neubaugebiets gelegen, das schon bald nach seiner Fertigstellung als soziales Problemgebiet galt, war eine Betonung der sozialen Funktion der Gemeindearbeit auch im baulichen Ausdrucksgehalt vordringlich. Das Geld für den Turm wollte man lieber für nützlichere Dinge ausgeben. Und so wurde der im Südosten an den Hauptbau des Zentrums anschließende lang gestreckte Kindergarten als „liegender Turm" interpretiert.

Das Hauptgebäude wird dominiert durch einen zentralen großen und hohen Raum, den so genannten Marktplatz, in dem Gottesdienst abgehalten werden kann, der aber auch der täglichen Gemeindearbeit dienen soll. Er erstreckt sich über mehrere Ebenen und ist so konzipiert, dass sich kleinere Raumeinheiten bei Bedarf abtrennen lassen. „20 bis 700 Menschen können sich gleichermaßen wohlfühlen", lobte Pfarrer Arend Bertzbach anlässlich der Einweihung des Gemeindezentrums.

Sitzplätze ca. 150
Kunst und Ausstattung
Betonreliefs: Adrian von der Ende

Abbildungen

- Hauptfassade an der Neuenkirchener Straße, links der Kindergarten
- Betonrelief

- Der „Marktplatz": Sakral- und Gemeinderaum über verschiedene Ebenen verteilt.

63

Gemeindezentrum Tenever in der evangelischen Trinitatisgemeinde

Architekt: Carsten Schröck, Bremen
Eingeweiht am 24. April 1976
Osterholz-Tenever, Auf der Schevemoorer Heide 55

Der bekannte Bremer Architekt Carsten Schröck, Schöpfer zahlreicher Kirchen und Gemeindebauten, erlebte die Einweihung seines Baus nicht mehr. Er starb 1973 im Alter von 49 Jahren. Schröcks Nachfolgebüro Rosengart, Busse und Partner vollendete ein Bauwerk, dem die damals weit verbreitete Idee zugrunde lag, die Gemeindearbeit in den Mittelpunkt und die sakralen Ausdrucksgehalte zurück zu stellen. Das Gebäude besitzt einen zentralen „Marktplatz" – ein Raum, der 250 Personen fassen kann. Er bekommt über einen Obergaden Licht. Durch Schiebetüren lässt sich ein weiterer Raum anfügen, der 100 Personen fasst.

Der weltliche Charakter des Hauses wird durch einen sakral gestimmten Ort bereichert. Er ist als Kapelle ausgebildet und deutet nach außen mit einer spiralförmig ansteigenden Mauer, deren Hochpunkt ein abstrahiertes Kreuz ziert, einen Kirchturm an. In der kompakten, zum Teil zweigeschossigen Anlage auf einem dreieckigen Grundstück sind um den zentralen Marktplatz herum weitere Gemeinde- und Sozialräume angeordnet.

Sitzplätze: 250

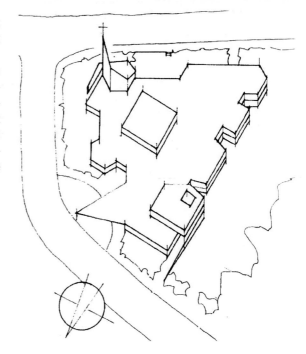

Abbildungen

- Hochgezogene Mauer als Turmersatz
- Schaubild des Gesamtkomplexes

- Der „Marktplatz"
- Die Kapelle
- In Sichtweite der Hochhäuser von Tenever

64

Katholische St. Barbara-Kirche

Architekt: Veit Heckrott, Bremen
Eingeweiht am 22. Januar 1977
Hemelingen-Arbergen, Idensteiner Straße 5

Im Arberger Neubauviertel, dem letzten größeren Stadterweiterungsgebiet Bremens, entstand ein multifunktionales Gebäude, in dem Gemeindearbeit, Jugendarbeit und Kirche unter einem Dach zusammengefasst wurden – mit der Option, später ein separates Kirchengebäude zu erstellen. Der Gemeindebau wird durch ein Doppelwohnhaus für Pfarrer und Küster ergänzt. Zwischen beiden Bauten liegt ein kleiner „Gemeindehof", über den ein öffentlicher Verbindungsweg führt. Dieser Platz als kommunikativer Ort findet innerhalb des Gebäudes eine Entsprechung in Form einer geräumigen Diele.

Das Hauptgebäude basiert auf einem polygonalen Umriss mit weit heruntergezogenem Dach. Das sakrale Zentrum des Baus wird nach außen durch einen Dachaufsatz mit umlaufenden Fensterband sichtbar gemacht. Der Sakralraum hat bescheidene Ausmaße und kann bei Bedarf durch das Öffnen von Faltwänden mit der Diele und dem Gemeindesaal zusammengeschlossen werden. Ziegelmaterial und Holzschindeln bestimmen innen wie außen den Charakter der Gebäude.

Sitzplätze: 50/180/400

Bauausführung: Hubert Behérycz
Orgel: Fa. Hammer, Hannover

Abbildungen

- Alles unter einem Dach
- Der Dachaufsatz als sakrales Zeichen

- Eindrücke als dem Sakralbereich

65

Katholische St. Hildegard-Kirche

Architekten: Walter Flügger und Gerd Schleuter, Bremen
Eingeweiht am 12. Juni 1983
Alfred-Faust-Straße 45, Obervieland

Der Wettbewerb für das neue Gemeindezentrum wurde 1973 entschieden. Vor dem Kirchenneubau entstanden in den 70er Jahren zunächst Pfarrheim und Pastorenhaus. Der Kirchengrundriss zeigt eine polygonale Kontur mit zentralräumlicher Tendenz. Die um zwei Stufen erhöhte Altarzone stößt weit in den Raum vor und wird von vier Feldern mit Bankreihen umfasst.

An der Eingangsseite rahmen die Sakristei, eine „Werktagskapelle" und eine Nische mit Beichtstühlen den Hauptraum ein. Die Außenwände steigen vom Eingang aus kontinuierlich an und kulminieren in einem Hochpunkt, der turmartig ausgebildet ist und zum kupfergedeckten Dach hin Fenster aufnimmt. Über diese erhält die Altarnische eine indirekte Belichtung und eine Lichtstimmung, die sich von der des Kirchenraums unterscheidet. Letztere ist vom Farbenspiel der bleiverglasten Ostfensterwand nach Motiven aus dem Leben der heiligen Hildegard geprägt. Der turmartige Abschluss der Kirche wird von einem Kreuz, Sinnbild für die Erlösung, überragt.

Sitzplätze 225
Kunst und Ausstattung
Fenster: Günther Radloff
Orgel: Fa. Kreienbrink, Osnabrück

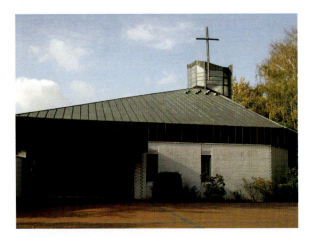

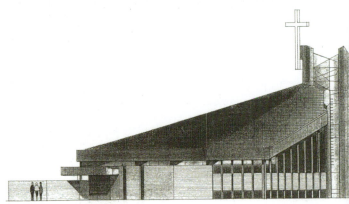

ANSICHT VON NORD-OSTEN

Abbildungen

- Eingangsseite
- Ansichtszeichnung der Ostfassade
- Der Kirchenraum mit seinen unterschiedlichen Lichtbereichen

66

Evangelische Abraham-Kirche

Architekten: Architektengruppe Rosengart und Partner, Bremen
Eingeweiht am 11. Dezember 1983
Obervieland-Kattenturm, Anna-Stiegler-Straße 124

Erste Gemeindebauten wurden in dem Neubaugebiet Mitte der 70er Jahre nach Entwürfen des verstorbenen Architekten Carsten Schröck errichtet. Der knapp zehn Jahre später entstandene Kirchenneubau nimmt Abschied von den Konzepten der späten 60er Jahre, die auf eine „Entsakralisierung" des Kirchenbaus zielten. Hier wird Kirche wieder als seelischer Rückzugsort, als „feste Burg" definiert. Die Architekten nahmen bewusst Bezug auf romanische Wehrkirchen.

Im Gegensatz zum eher schmucklosen Äußeren des in großformatigen Industrieziegeln verkleideten Gebäudes wirkt der Innenraum hell und stimmungsvoll. Über drei mit Rundbögen gefasste Nischen erhält der Hauptraum eine indirekte Belichtung und somit eine kontemplative Raumwirkung. Die Anordnung der Bänke um den quer zur Eingangsachse stehenden Altar macht aus dem äußerlich vermuteten Richtungsraum einen Zentralraum. Die sichtbar gelassene Dachkonstruktion betont den schlichten, fast archaisch wirkenden Raumcharakter.

Sitzplätze 130
Kunst und Ausstattung
Altar, Taufstein, Kerzenhalter: Hawoli

Abbildungen

- Wehrhafter Charakter in Kattenturm
- Blick zum Altar
- Grundriss
- Schaubild

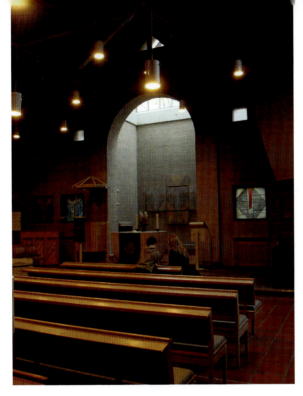

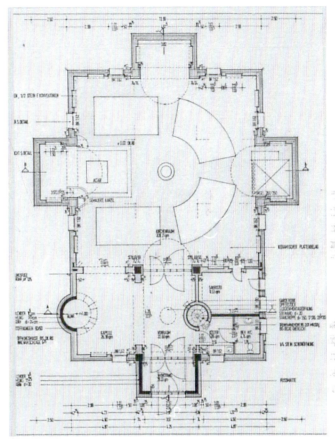

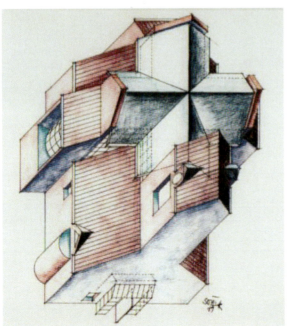

67

Katholische St. Thomas-von-Aquin-Kirche

Architekten: Walter Flügger und Gerd Schleuter, Bremen
Eingeweiht am 1. März 1986
Osterholz, Grenzwehr 61

Kirche und Gemeindezentrum sind zu einer kompakten Baugruppe zusammengefügt. Der Kirchenraum zeichnet sich von außen deutlich von den anderen Gebäudeteilen ab, durch seine zum Altarbereich steil ansteigenden Wände, die in einem turmartigen, mit einem Kreuz besetzten Hochpunkt enden. Ein steiles, fächerförmig entwickeltes Pultdach überdeckt den Raum. Fächerförmig ordnen sich auch die Sitzreihen um den weit in den Raum gezogenen, leicht erhöhten Altarbereich an.

Durch zwei große Fensterwände erhält der Sakralraum einen lichten Charakter. Die mit dunklen Ziegeln verkleidete Altarwand unterliegt einer geheimnisvollen Lichtregie, ausgehend von einem Oberlicht und zwei vertikalen Fensterschlitzen. Kirche und Gemeinderäume werden über eine gemeinsame Halle erschlossen. Vor- und Rücksprünge, Fenstererker und Giebel verleihen dem Gemeindezentrum eine lebhafte Note, während das Ziegelmauerwerk und die kupferverkleideten Dächer und Traufen den Gesamteindruck vereinheitlichen.

Sitzplätze 180
Kunst und Ausstattung
Altarausstattung: Johannes Niemeyer, Rietberg
Fenster: Gabriele und Martin Hagenhoff, Belm bei Osnabrück

Abbildungen

- Giebel über den Gemeinderäumen und ein turmartiger Hochpunkt für den Sakralraum

- Große Fensterflächen und dunkles Ziegelmauerwerk bestimmen den Sakralraum

68

Katholische Kirche Heilige Familie

Architekten: Veit Heckrott und Franz G. Hopf, Bremen
Eingeweiht am 26. September 1987
Grohn, Grohner Markt 7

Dem Kirchenneubau an der Grohner Düne geht eine komplizierte Planungsgeschichte voraus. Der erste Entwurf stammt von dem renommierten Kölner Architekten und bekannten Kirchenbaumeister Gottfried Böhm. Der von anderer Hand ausgeführte Entwurf weist mit dem von Böhm nur noch eine entfernte Ähnlichkeit auf. Die kompakte ziegelverkleidete Bauanlage ist nach einem Kern-Mantel-Prinzip konzipiert. Kern ist der alle anderen Bauteile überragende Sakralraum über quadratischem Grundriss. Er wird von einem Pyramidendach gedeckt, das seinen offenen Dachstuhl zeigt. Licht erhellt den Sakralraum durch Fenster im Obergaden.

Der Kernraum wird von vier niedrigen Ecktürmen, ebenfalls mit Pyramidendächern, flankiert. Zwischen den Ecktürmen liegen leicht hervortretende Mantelbauten. Aufgrund der Hanglage des Bauwerks sind diese an den beiden höher gelegenen Seiten eingeschossig, an den tiefer gelegenen dreigeschossig ausgeführt. Von der Pfarrwohnung bis zum Kindergarten sind alle Nutzungen des Gemeindezentrums in den Mantelbauten untergebracht.

Sitzplätze 252
Kunst und Ausstattung
Fenster: Heinz Lilienthal
Altarbereich: Michael und Christof Winkelmann
Orgel: Fa. Siegfried Sauer, Höxter

Abbildungen

- Blick vom Grohner Markt
- Eingangsvorbau
- Eckturm

- Blick zum Altar
- Das hohe Pyramidendach prägt den Innenraum

69

Michael-Kirche der Christengemeinschaft für Bremen

Architekt: Jens Ebert, Berlin
Eingeweiht am 27. März 1994
Mitte-Ostertor, Kleine Meinkenstraße 4

Für den Bau eines eigenen Gotteshauses erwarb die Gemeinde der Christengemeinschaft 1987 das einst für die Mozart-Trasse freigeräumte Grundstück. Die 1922 gegründete Religionsgemeinschaft orientiert sich an der anthroposophischen Lehre Rudolf Steiners. Das findet unter anderem seinen Niederschlag in einer charakteristischen „organischen" Architektur und Farbgestaltung, deren Vorbilder in den Steinerschen Bauten des Goetheanums in Dornach/Schweiz zu finden sind.

An einem leicht erhöhten Vorplatz im Westen liegt das Hauptportal. Über einen Vorraum gelangt man in den axialsymmetrisch aufgebauten, gerichteten Sakralraum, der durch seine weiche plastische Modulation und durch fließende Farbverläufe in Blauviolett-Tönen eine Atmosphäre erzeugt, die eine übersinnliche Wirklichkeit repräsentieren soll. Das lose Gestühl ist den Raumfarben angepasst. Die Symmetrie des Baukörpers wird durch einen niedrigen Anbau an der Südostseite gebrochen, der die Sakristei und eine Aufbahrungskapelle aufnimmt. Im Untergeschoss befindet sich der Gemeinderaum.

Sitzplätze ca. 100

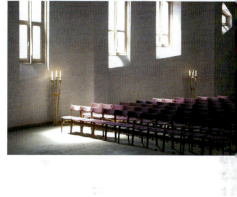

Abbildungen

- Vorplatz
- Die Südostseite

- Der Sakralraum mit seiner charakteristischen Farbgestaltung

70

Katholische St. Antonius-Kirche

Architekt: H. G. Deppe, Warburg
Eingeweiht am 11. Dezember 1994
Osterholz, Oewerweg 40-42

St. Antonius hat, wie keine zweite bremische Gemeinde, Veränderungen ihres sakralen Zentrums erfahren müssen. In den 50er Jahren wurde zunächst die evangelische Dankeskirche aus der NS-Zeit mit genutzt, später fanden die Gottesdienste in einem Kino statt. 1960 entstand ein Neubau des Münsteraner Architekten Hans Ostermann, der Mitte der 70er Jahre von dem Architekten Paul Döpkens nach den Richtlinien des Zweiten Vatikanischen Konzils umgestaltet wurde. Der Abriss dieser Kirche wegen Baufälligkeit erfolgte 1993. Ein Jahr später konnte der zweite Neubau eingeweiht werden.

Der Grundriss dieses Bauwerks basiert auf einem lateinischen Kreuz. Die Vierung wird durch die raumgreifende Altarzone beherrscht. Fensterbändern im Obergaden, mit farbigem Glas gestaltetet, sorgen für eine gute Belichtung des Raumzentrums. Während die Vierung von einem Pyramidendach überdeckt ist, besitzen die Seitenflügel und das Hauptschiff zur Mitte ansteigende Pultdächer. Hier versammelt sich, dreiseitig um den Altar gruppiert, die Gemeinde. Ein Chor ist durch die leicht zurückgesetzte, seitlich belichtete Altarwand angedeutet. An den Außenwänden befinden sich weitere Buntglasfenster.

Sitzplätze ca. 250
Kunst und Ausstattung
Sakrale Ausstattung: Egino Weinert, Köln / Hubert Janning, Münster
Antoniusstatue: H. Hörnschemeyer, Osnabrück
Fenster: Ludwig von der Frost, Münster / Renate Groß, München
Orgel: Fa. E.F. Walcker & Cie., Ludwigsburg

Abbildungen

- Vorplatz
- Pyramidendach als „Turm"

- Impressionen aus dem Sakralraum

71

Simon-Petrus-Kirche der evangelischen Gemeinde Arsten-Habenhausen

Architekten: Balzer und Partner, Wuppertal
Eingeweiht am 17. Dezember 1995
Habenhausen, Habenhauser Dorfstraße 38

Das Raffinement des Entwurfs liegt in dem Zusammenspiel zweier rechtwinkliger Figuren – dem rechteckigen Sakralraum und dem winkelförmigen Gemeindezentrum –, die gegeneinander verschwenkt sind und an ihren Berührungspunkten spannende Überschneidungen entstehen lassen. Auch die konische Form des Gemeindesaals ist Resultat dieser Konstellation. In der Ausführung ist das Grundkonzept nur zum Teil umgesetzt worden.

Ein durch Kirche und Glockenturm akzentuierter Hof betont den kommunikativen Charakter des Gemeindelebens. Ziegelmauerwerk und kleinteilig gegliederte Glasflächen bestimmen das Erscheinungsbild, in dem der offene stählerne Glockenturm einen optischen Merkpunkt setzt. Die Kirche selbst verkörpert als gerichteter Raum ein eher traditionelles Konzept, wozu auch die Altarapsis zu rechnen ist, die durch ein Oberlicht hervorgehoben wird. Die verglasten Seiten eines durchlaufenden Dachreiters als Hauptlichtquelle erzeugen einen hellen Raumeindruck. Blautöne dominieren die seitlichen Buntglasfenster.

Sitzplätze ca. 150
Kunst und Ausstattung
Kanzel und Kreuz: Thomas Duttenhoefer
Bild: Wilfried Muthesius
Skulptur: Jakob Roepke
Buntglasfenster: Hella Santarossa
Orgel: Fa. Metzler, Dietikon (CH)

Abbildungen

- Der gläserne Dachreiter und der stählerne Glockenturm kennzeichnen die Anlage.

- Grundriss und Eindrücke aus dem lichten Sakralraum mit den Buntglasfenstern von Hella Santarossa

251

72

Fatih-Moschee

Architekt: Asur Yilmaz
Eingeweiht am 3. Dezember 1998
Gröpelingen, Stapelfeldstraße 9

Mit seiner Kuppel und dem 27,5 Meter hohen Minarett hat sich das Bauwerk in die Silhouette des von großen Industrie- und Speichergebäuden geprägten Stadtteils eingeschrieben. Von außen erkennt man einen schlichten, mit weißen Klinkern verkleideten dreigeschossigen Kubus, dessen oberste Fensterreihe mit Rundbögen abschließt. Während das Erdgeschoss das Gemeindezentrum mit Cafeteria und Buchladen aufnimmt, liegt der Sakralraum mit großer Empore in den beiden Obergeschossen.

Der Zugang erfolgt über eine vorgelagerte zweiarmige Freitreppe. Optisches Zentrum des Gebetsraumes ist die auf acht schlanken Säulen aufruhende Kuppel mit einem Durchmesser von 12 Metern. Die nach Mekka weisende Gebetsnische liegt in der Südostecke. Den beiden angrenzenden Wänden vorgelagert, findet man rechts den Hochstuhl und links den Predigtstuhl. Im Gegensatz zum schlichten Außenbau ist der mit roten Teppichen ausgelegte Sakralraum reich geschmückt. Stilistisch orientiert sich der Bau an osmanischen Kuppelmoscheen.

Siehe auch den Beitrag von Sunke Herlyn „Die Fatih Moschee in Bremen" in diesem Buch

Abbildungen

- Außenansicht von der Eingangsfront
- Blick unter die Kuppel
- Reiche Verzierung nach traditionellen Vorbildern in der Ausstattung
- Rote Teppiche, Arabesken, Weiträumigkeit – Eindrücke aus dem Sakralbereich

73

Katholische St. Laurentius-Kapelle

Architekt: Ulrich Tilgner, Bremen
Eingeweiht am 20. Oktober 2000
Vahr, Stellichter Straße 8

In der Hochphase des Kirchenbaubooms ist 1963 auch in der Gartenstadt Vahr ein katholisches Gotteshaus eingeweiht worden – St. Laurentius, nach einem Entwurf des Münsteraner Architekten Hans Ostermann. Dem Ursprungsbau erging es wie einigen anderen katholischen Kirchen dieser Zeit: Sie wurden wegen mangelnder Auslastung oder Bauschäden in den 90er Jahren abgerissen. In diesem Fall entstand aber ein den gewandelten Verhältnissen angepasster Ersatzbau, eine mit einem Altenzentrum verknüpfte, aber auch dem Stadtteil zugewandte Kapelle.

Der Bau fügt sich architektonisch stimmig dem Altenzentrum an. Seine sakrale Funktion erschließt sich dem ersten Blick kaum. Lediglich eine leicht aus der Kontur des Flachdachs herausragende Dachpyramide mit Kreuz deutet auf die Nutzung hin. Unter dieser Pyramide, die von innen mit Holz verkleidet ist und in eine gläserne Spitze ausläuft, befindet sich der Altarbereich. Er ist nach zentralräumlichem Prinzip von drei Seiten mit Stuhlreihen eingefasst.

Siehe auch den Beitrag „Vom Raum positiv empfangen werden" in diesem Buch.

Sitzplätze ca. 110
Kunst und Ausstattung
Altarkreuz: Heinrich-Gerhard Bücker (stammt aus dem ersten Kichenbau)
Pietà: Leihgabe aus Privatbesitz (18. Jh.)
Orgel: Fa. Jürgen Kopp, Münster

Abbildungen

- Die Lichtpyramide und Kreuz – nach außen Andeutung eines sakralen Ortes
- Eine zentralräumliche Anordnung bestimmt den Innenraum
- Grundriss

1 Altartisch
2 Standkreuz
3 Tabernakel
4 Taufgerät
5 Ambo
6 Pietá
7 Truhenorgel
8 Haupteingang
9 Sakristei
10 Mehrzweckraum

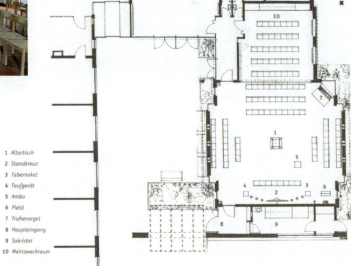

74

Katholische Birgitten-Kapelle

Architekt: Ulrich Tilgner, Bremen
Eingeweiht am 10. Oktober 2002
Mitte, Kolpingstraße 1C

Die Gesamtanlage besteht aus einem Gästehaus, dem Kloster und einer Kapelle. Das straßenseitig gelegene Gästehaus und das zurückgesetzte Kloster sind über einen brückenartigen Gang im Obergeschoss verbunden. Diese Brücke markiert zugleich den Zugang zu einem Gartenhof, in dessen äußerstem Winkel die Kapelle liegt, die, wie die anderen Bauten, terrakottarot gestrichen ist.

Über einen seitlichen Vorraum betritt der Gast den Sakralraum, der auf der gegenüberliegenden Seite eine Verbindung zum „inneren Konvent" besitzt. Der weiß gestrichene Raum weitet sich zum Altar hin konisch, was – zusammen mit einem verdeckten Oberlicht – dem Altarbereich eine besondere Präsenz verleiht. Trotz der begrenzten Ausdehnung ist ein Zentralraum angedeutet. Dies wird auch durch die seitlichen Bänke neben den drei Stuhlreihen unterstrichen. Hauptlichtquelle ist die gläserne Rückwand im Osten mit kreuzförmiger Unterteilung. „Amor meus crucifixus est": der Wahlspruch des Klosters wird hier eindrucksvoll veranschaulicht.

Siehe auch den Beitrag „Vom Raum positiv empfangen werden" in diesem Buch.

Sitzplätze ca. 20
Kunst und Ausstattung
Bleiglasfenster: Werner Grohs
Ausstattung Altarbereich: Günter Lang
Orgel: Fa. Werner Bosch, Sangershausen

Abbildungen

- Die Brücke ist zugleich ein Tor zum Innenhof, das den öffentlichen Zugang zur Kapelle markiert
- Blick zum Altar
- Blick vom Altar zum Kreuz-Fenster

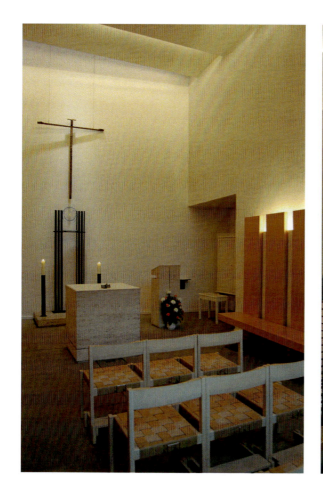

75

Raum der Stille

Architekt: Ulrich Tilgner, Bremen
Eingeweiht am 25. Mai 2004
Östliche Vorstadt, Klinikum Bremen Mitte

Der von der evangelischen und der katholischen Kirche gemeinsam in Auftrag gegebene „Raum der Stille" steht für eine Komponente im zeitgenössischen Sakralbau, die auf eine niederschwellige und direkte Ansprache der Menschen durch einen sublim sakral gestimmten Raum zielt – Menschen, die in der Regel nur noch über vage religiöse Bindungen verfügen. Der Raum ist mitten im alltäglichen Klinikbetrieb verortet. Er eröffnet Individuen in einer Krisensituation einen Ort zur inneren Einkehr und zur Meditation.

Die religiösen Symbole sind reduziert eingesetzt, sie bieten die Möglichkeit einer individuellen Interpretation. Wände und Decke sind weiß gehalten, der Blick nach außen durch eine transluzente Schicht verwehrt. In den Parkettboden ist diagonal eine Kreuzform eingelassen. Drei raumhohe Baumstämme, nur geschält, ansonsten naturbelassen, kontrastieren mit exakt verarbeiteten liegenden Balken und einem aus der Wand ragenden Pult. Hierauf befinden sich eine Bibel und ein Gästebuch.

Abbildungen

Impressionen aus dem „Raum der Stille"

Glossar

Apsis
Halbkreisförmige Altarnische
Arkade
Von Säulen oder Pfeilern getragener Bogengang; im Kirchenbau die Trennung zwischen Mittelschiff und Seitenschiffen
Basilika
Aus römischen Markt- und Gerichtsbauten abgeleiteter Kirchenbautyp mit parallelen, zum Altar gerichteten Raumbereichen (Schiffen), die zur Mitte in der Höhe ansteigen, um das Raumzentrum über hoch gelegene Fenster belichten zu können. In der Regel findet man im Kirchenbau ein Haupt- oder Mittelschiff und zwei Seitenschiffe. Im modernen Kirchenbau wird der Typus oft nur mit einem Seitenschiff ausgeführt. Man spricht dann von einer Halbbasilika.
Bima
Der Platz in der Synagoge, wo der Rabbiner aus den Thorarollen liest.
Campanile
Ein frei neben dem Kirchengebäude stehender Glockenturm
Chor
Altarraum einer Kirche, der für das Gebet der Geistlichen bestimmt ist.
Dachreiter
Dachaufbau auf dem First, kann als Glockenträger genutzt werden.

Empore
Eine erhöhte Galerie in einem Kirchenraum, häufig Standort der Orgel (Orgelempore)
Fensterrosette
Ein über dem Portal, aber auch über dem Altar angeordnetes, großes Rundfenster
Gerichteter Raum
Länglicher Sakralraum mit um die Längsachse zum Altar hin ausgerichteten Bankreihen
Gesimsprofil
Waagerechte aus der Mauer vortretender Streifen zur Horizontalgliederung einer Fassade
Glockenstuhl
Tragegestell für eine oder mehrere freischwingende Glocken im Glockenturm
Halbbasilika
Siehe Basilika
Heimatstil
Architekturrichtung in der zweiten Hälfte des 19. Jahrhunderts und zu Beginn des 20. Jahrhunderts, in der vor allem lokal tradierte Materialien und Handwerkstechniken Anwendung fanden.
Joch
Das Feld zwischen den Stützen in einem Sakralraum
Kanzel
Erhöhter Ort in der Kirche für den Prediger
Kapelle
Kleinere Kirche
Katafalk
Unterbau des Sarges in Friedhofskapellen

Krematorium
Anlage zur Verbrennung von Leichen
Kreuzgang
Im Geviert und meist offen um einen Hof angelegte Gänge und Teil eines Klosters
Minarett
Turm einer Moschee, von dem aus zum Gebet gerufen wird
Mihrab
Gebetsnische in einer Moschee, nach Mekka ausgerichtet
Neoromanik
Architekturrichtung des 19. Jahrhundert, die vorwiegend Formen aus der Romanik verwendete
Neogotik
Architekturrichtung des 19. Jahrhundert, die vorwiegend Formen aus der Gotik verwendete
Parament
Behang für Altar oder Kanzel
Obelisk
Hoher freistehender Steinpfeiler
Obergaden
Befindet sich über den Dächern der Seitenschiffe einer Kirche und ist mit Fenstern durchbrochen und dient zur Belichtung des Mittelschiffes.
Orgelprospekt
Das künstlerisch ausgestaltete Pfeifengehäuse der Orgel
Risalit
Aus der Flucht der Baukörpers hervorspringender Bauteil

Saalkirche
Ein nicht von Stützen unterbrochener Sakralraum
Sakristei
Nebenraum einer Kirche, in dem die Dinge aufbewahrt werden, die für den Gottesdienst benötigt werden.
Strebepfeiler
Statisches Glied zur Abstützung von Wänden
Thoraschrein
Aufbewahrungsort der Thorarollen in einer Synagoge
Vierung
Der Raumteil einer Kirche, der durch die Überschneidung von Längs- und Querflügel (Lang- und Querhaus) bei einer kreuzförmigen Grundrissanordnung entsteht.
Westwerk
Im Mittelalter, vor allem in der Vorromanik, der im Westen gelegene Teil einer Kirche, die dem Kaiser vorbehalten war und sich durch ein wehrhaftes, burgenartiges Erscheinungsbild auszeichnet.
Zentralraum
Sakralraum, der auf einem Mittelpunkt ausgerichtet ist, um den sich die Gläubigen aus verschiedenen Richtungen versammeln.

Autoren

Jens Böhrnsen
Geboren 1949, studierte Jura an der Universität in Kiel. Seit November 2005 ist er Bürgermeister und Präsident des Senats der Freien Hansestadt Bremen sowie Senator für Kultur und Senator für kirchliche Angelegenheiten.

Renke Brahms
Geboren 1956, hat Theologie in Münster, Tübingen und Göttingen studiert. Seit 1985 Pastor der Bremischen Evangelischen Kirche. 16 Jahre Gemeindepastor in der Melanchthon-Gemeinde, sieben Jahre als Pastor und Religionspädagoge beim Landesverband Evangelischer Tageseinrichtungen für Kinder in Bremen. Seit 2007 Schriftführer des Kirchenausschusses der Bremischen Evangelischen Kirche.

Thomas Erne
Geboren 1956, studierte Theologie an der Universität Tübingen und Schulmusik an der Hochschule für Musik und Darstellende Kunst Stuttgart. Promovierte 1993. Zwischen 1990 und 2005 Gemeindepfarrer in Köngen, ab 2002 zugleich Privatdozent für praktische Theologie an der Tübinger Universität. Er habilitierte sich 2002. Seit 2007 ist er Professor an der Universität Marburg und Direktor des Institut für Kirchenbau und kirchliche Kunst der Gegenwart, einer Forschungseinrichtung der Evangelischen Kirche Deutschlands.

Sunke Herlyn
Geboren 1939, studierte Architektur und Städtebau an den Technischen Universitäten Aachen und Braunschweig und Stadtsoziologie an der Universität Göttingen. Er trat 1972 in den Bremischen Staatsdienst, arbeitete zunächst als Planer an der Universität, dann als Referent für Kulturelle Breitenarbeit in der Kulturverwaltung und seit 1990 als Leiter der Abteilung Stadtentwicklung in der Bremischen Bauverwaltung. Nach seiner Pensionierung 2004 gründete er mit anderen das Bremer Zentrum für Baukultur, dessen erster Vorsitzender er bis 2009 war.

Martina Höhns
Hat Theologie, Politik und Psychologie in Münster und Rom studiert, nach dem Diplom in Theologie promovierte sie in Politikwissenschaft. 1994-2002 Medienreferentin, 2002-2008 Leiterin der Pressestelle der Deutschen Bischofskonferenz in Bonn. Seit 2008 ist sie Referentin für Presse, Rundfunk und Öffentlichkeitsarbeit der katholischen Kirche in Bremen.

Katrin Höpker
Geboren 1971, hat Architektur an der Fachhochschule Hildesheim und der Hochschule Bremen studiert. Nach ihrem Diplom hat sie bei der Architektengruppe Rosengart & Partner in Bremen gearbeitet. Seit 2004 ist sie Mitarbeiterin im Bremer Zentrum für Baukultur, u. a. mit den Schwerpunkten Projektmanagement, Ausstellungsorganisation und die dazu gehörende Öffentlichkeitsarbeit.

Axel Krause
Geboren 1963, hat Architektur in Weimar studiert und war bis 2007 in Thüringen und Berlin als Architekt im Bereich der Denkmalpflege tätig. Seit 2007 ist er bei der Bremischen Evangelischen Kirche Leiter der Bau- und Grundstücksabteilung.

Volker Plagemann
Geboren 1938, hat Architektur, Musik und Kunstwissenschaft studiert, 1966 an der Universität Hamburg promoviert, 1973 an der RWTH Aachen und 1975 an der Universität Hamburg habilitiert und ist dort Professor für Kunstgeschichte. 1973-1980 war er Leiter der Bremer Kulturverwaltung, 1980-2003 Senatsdirektor der Hamburger Kulturbehörde.

Martin Schomaker
Geboren 1962, Studium der Katholischen Theologie in Frankfurt St. Georgen, Petrópolis und Recife (Brasilien), seit 1988 Priester des Bistums Osnabrück, 1998 in Münster promoviert. Seit 2008 Propst an St. Johann in Bremen. Er lehrt Pastoraltheologie an der Phil.-Theol. Hochschule in Münster.

Georg Skalecki
Geboren 1959, hat Kunstgeschichte und Archäologie an der Universität Saarbrücken studiert und dort promoviert. Er hat am Landesamt für Denkmalpflege in Saarbrücken gearbeitet und ist seit 2001 Landeskonservator in Bremen. Er lehrt Kunstgeschichte an der Universität Bremen.

Eberhard Syring
Geboren 1951, studierte Architektur an der Hochschule für Künste Bremen, promovierte 1999 an der Universität Bremen und arbeitet seitdem in der Forschung und als Fachjournalist. Seit 2004 ist er Professor für Baugeschichte und Architekturtheorie an der Hochschule Bremen, sowie wissenschaftlicher Leiter des Bremer Zentrum für Baukultur.

Louis-Ferdinand von Zobeltitz
Geboren 1945, studierte Theologie in Bethel, Heidelberg und Marburg und war zunächst von 1970 bis 1981 Vikar und Pfarrer in Gießen. Von 1981 war er Pastor in der St. Stephanigemeinde Bremen, war dann von 1995 bis 2007 Schriftführer in der Bremischen Evangelischen Kirche. Von 2007 an ist er Projektleiter der Kulturkirche St. Stephani.

Bildnachweis

Dilek Akbas: S. 237 l.u.
Julia Altenkirch: S. 113, 126 u., 127 u.r., 164, 165
Archiv b.zb: S. 18, 31 r., 33 u., 74, 83 r., 84 u., 88 l., 110, 116 o., 129 r.u., 134 u., 146 u., 150 o., 156 m., 160 u., 166 u., 168 u., 178 u., 187 u., 195 u.r., 203 o., 213 u.r., 218 u., 223 o, 229 o., 238 u., 241 u., m., 251 u.l., 255 u.
Kurt Barthel: S. 206 o.
Sibylle Berkhan: S. 34 l., 35, 95, 250, 251 o., 256, 257
betonprisma, Ausgabe 87/2008: S. 15
Manfred Blome: S. 34 r.
Malte Bodenstedt: S. 111, 185
Martin Bosiacki: S. 94, 125 u.l., 254, 255 o.
Claudia Brancato: 146 o., 147, 156 o, u., 157, 200, 201, 248, 249
Götz Brinkmann: S. 20 l., 150 u., 151, 232, 233
Büro Schumacher/Hübener: S. 88 l., 89 r.o.
Julia Cappelmann: S. 77, 220, 221, 236, 237 o., r.u.
Harm Cordes: S 41, 196, 197 o.l., m, u., 247 r.
Alena de Beet: S. 190, 191, 204 o., 204 u., 205
Amélie de Bonnières und Valentina Garcia: S. 192, 193, 258, 259
Adam Dybczynski: S. 118, 119, 240, 241 o.
Walter Emmrich: S. 246 m.
Alfred Englert: S. 107
Claas Galewski: S. 36 r., 42, 44, 152, 153 o., m.l., u., 170, 171
Lucas Gerber: S. 130, 131, 226 u., 227
Uta Jahnke: 134 o., 135 o., r.u., 230, 231 o.
Heidrun Jaquet: S. 158, 159, 162 u., 163
Kirchenarchiv: S. 20 r. 54, 56, 59, 60 o., 112, 126 o.
Kirchenbauinstitut Marburg: S. 98, 99, 102, 105, 106
Lothar Klimek: S 23 r., 24, 27 l., 32 l., 213 u.l., 231 u.
Sebastian Knickmann : S. 132 u., 133, 198, 199
Teresa Koberstein: S. 144 u., 145 r., 246 o., u., 247 l.
Oliver Koch: S. 142 u., 143, 186, 187 o.
Thorsten Kottisch: S. 166 o., 167, 174 u., 175
Christoph Kraneburg: S. 103
Landesamt für Denkmalpflege: S. 66, 67, 68, 69, 71
Landesinstitut für Schule: 27 r.
Bernhard Leisenheimer: S. 55 u.
Shushi Li: S. 37, 122 u., 123, 202, 203 m., u.
Sigrun Luttmann: S. 21 l., 121, 228, 229 m., u.r.
Maxie Merke: S. 229 u. l.
Ewa Michalowska: S. 195, 195 o., u. l.

Martin von Minden: S. 168 o, 169, 212, 213 o. l.
Angie Oettinghausen: S. 39 l., 50, 78, 140, 141, 210 u., 211
Hermann Ohlsen: S. 17, 22, 23 l., 26, 29, 31 l., 32 r., 36 l. 39 r., 75, 76, 86, 89 l., 89 u., 91, 144 o., 148 o., 153 m. r., 162 o., 174 o., 178 o, 210 o., 214 o., 226 o.
Ref. Gemeinde Potsdam: S. 100
Privat: S. 73, 90
Maleen Richter: S 38 o., 136, 137, 208, 209
Lennert Röthemeyer: S. 135 u. l.
Klaus Rohmeyer: S 30 u., 122 o., 145 l. o., u., 184
Hans Saebens: S 25 r., 80, 81, 120, 124 o., 197 o. r.
Kevin von Salzen: S. 218 o., 219, 242, 243
Klaus Sander: S. 30 r. o.
Dorothea Schmidt: S. 176, 177, 214 u., 215
Jaqueline Schmidt: S. 224, 225, 234 o., 235
Andrea Schröck: S 30 l. o.
Otto Schulte: S. 23 r.o.
Andrea Schulz-Colberg: S. 57
Schulze Pampus Architekten: S. 60 u., 62, 63
Przemyslaw Pasterczyk: S. 116 u., 117
Kolja Schnackenberg: S. 148 u., 149, 172, 173
Harry Schwarzwälder: S. 19, 21 r., 132 o., 142 o.
Marta Szczelkun: S. 10, 188, 189, 206 u., 207
Ulrich Tilgner: S. 92
Andrea Töbelmann: S 38 u., 222, 223 u., m., 238 o., 239 o., r.u.
ev. Kirchengemeinde Torgau: S. 97
Federico Tornello: S 52, 182, 183, 216, 217
Eberhard Troeger: S 25 l., 128 o.
Franz Veeser: S. 239 l.u., 251 u.m., u.r.
Linda Volz: S: 33 o., 127 o., 127 u.l., 244, 245
Laura Warnke: S. 85
Paulina Witaszczyle: S. 124 u. 125 o., u.r.
Gabriele Witter: S. 28, 46, 114, 115, 129 m., u. 129 l., l.u., 154, 155, 160 o., 161
Horst Wöbbeking: S. 82, 83 l., 84 o.
Sina Wolkenhauer: S. 179, 180, 181
Dawei Wu: S. 45, 138, 139, 252, 253

Danksagung

Wir bedanken uns für die umfangreiche Unterstützung bei unserem Projekt „Leichtes Zelt und feste Burg, Sakralbau in Bremen seit 1945" bei:

Hermann Brede, Karl-Heinz Bruns, Walter Emmrich, Claus Hübener, Sabine Lillge, Rosmarie Rohde, Schulze Pampus Architekten, Ulrich Tilgner, Joachim Ch. Weisheit sowie bei den zahlreichen Mitgliedern und Mitarbeiter von bremischen Kirchengemeinden, die uns mit Informationen und durch die Öffnung ihrer Räume unterstützt haben.

Dank auch dem b.zb Team und den Mitarbeitern der Kulturkirche St. Stephani

Mitgewirkt haben:

Hartmut Ayrle, Clemens Bonnen, Fritz-Ludwig Hampe, Sunke Herlyn, Katrin Höpker, Axel Krause, Stefan Lameyer, Christiane Matthäi, Andrea Oeffner, Katja Pahl, Eberhard Syring, Marta Szczelkun, Federico Tornello, Jens Weyers, Louis-Ferdinand von Zobeltitz

Studierende:

Fotokurs 1 (Christiane Matthäi)
Julia Altenkirch, Sibylle Berkhan, Malte Bodenstedt, Claudia Brancato, Götz Brinkmann, Julia Cappelmann, Alena de Beet, Amélie de Bonnières, Adam Dybczynski, Claas Galewski, Valentina Garcia, Lucas Gerber, Uta Jahnke, Heidrun Jaquet, Sebastian Knickmann, Teresa Koberstein, Oliver Koch, Thorsten Kottisch, Sushi Li, Sigrun Luttmann, Ewa Michalowska, Martin von Minden, Angela Oettingshausen, Przemyslaw Pasterczyk, Maleen Richter, Kevin von Salzen, Dorothea Schmidt, Jacqueline Schmidt, Kolja Schnackenberg, Marta Szczelkun, Andrea Töbelmann, Federico Tornello, Linda Volz, Paulina Witaszczyle, Gabriele Witter, Sina Wolkenhauer, Dawei Wu

Fotokurs 2 (Jens Weyers)
Dilek Akbas, Julia Altenkirch, Martin Bosiacki, Harm Cordes, Lennert Röthemeyer, Franz Veeser, Gabriele Witter

Filmanaimation (Andrea Oeffner, Katja Pahl)
Daniela Budelmann, Mark Brandwein, Melanie Freese, Viktoria Frick, Yvonne Götzenich, Wojtek Herder, Eva Jentsch, Danielle Ketelhake, Jantje Köster, Johanna Kühnke, Till Ludwig, Jacqueline Mikulla, Mona Müller, Timo Novak, Roland Wiebicke, Anna Wochnik, Andreas Zöhrer